中华精神家园

强健之源

# 南拳北腿

## 武术种类与文化内涵

肖东发 主编 李 勇 编著

中国出版集团
现代出版社

图书在版编目（CIP）数据

南拳北腿 / 李勇编著. — 北京：现代出版社，
2014.11（2019.1重印）
（中华精神家园书系）
ISBN 978-7-5143-3055-7

Ⅰ. ①南… Ⅱ. ①李… Ⅲ. ①武术－流派－介绍－中
国 Ⅳ. ①G852

中国版本图书馆CIP数据核字(2014)第244357号

# 南拳北腿：武术种类与文化内涵

主　　编：肖东发
作　　者：李　勇
责任编辑：王敬一
出版发行：现代出版社
通信地址：北京市定安门外安华里504号
邮政编码：100011
电　　话：010-64267325 64245264（传真）
网　　址：www.1980xd.com
电子邮箱：xiandai@cnpitc.com.cn
印　　刷：固安县云鼎印刷有限公司
开　　本：710mm×1000mm　1/16
印　　张：9.25
版　　次：2015年4月第1版　2021年3月第4次印刷
书　　号：ISBN 978-7-5143-3055-7
定　　价：29.80元

党的十八大报告指出："文化是民族的血脉，是人民的精神家园。全面建成小康社会，实现中华民族伟大复兴，必须推动社会主义文化大发展大繁荣，兴起社会主义文化建设新高潮，提高国家文化软实力，发挥文化引领风尚、教育人民、服务社会、推动发展的作用。"

我国经过改革开放的历程，推进了民族振兴、国家富强、人民幸福的中国梦，推进了伟大复兴的历史进程。文化是立国之根，实现中国梦也是我国文化实现伟大复兴的过程，并最终体现为文化的发展繁荣。习近平指出，博大精深的中国优秀传统文化是我们在世界文化激荡中站稳脚跟的根基。中华文化源远流长，积淀着中华民族最深层的精神追求，代表着中华民族独特的精神标识，为中华民族生生不息、发展壮大提供了丰厚滋养。我们要认识中华文化的独特创造、价值理念、鲜明特色，增强文化自信和价值自信。

如今，我们正处在改革开放攻坚和经济发展的转型时期，面对世界各国形形色色的文化现象，面对各种眼花缭乱的现代传媒，我们要坚持文化自信，古为今用、洋为中用、推陈出新，有鉴别地加以对待，有扬弃地予以继承，传承和升华中华优秀传统文化，发展中国特色社会主义文化，增强国家文化软实力。

浩浩历史长河，熊熊文明薪火，中华文化源远流长，滚滚黄河、滔滔长江，是最直接的源头，这两大文化浪涛经过千百年冲刷洗礼和不断交流、融合以及沉淀，最终形成了求同存异、兼收并蓄的辉煌灿烂的中华文明，也是世界上唯一绵延不绝而从没中断的古老文化，并始终充满了生机与活力。

中华文化曾是东方文化摇篮，也是推动世界文明不断前行的动力之一。早在500年前，中华文化的四大发明催生了欧洲文艺复兴运动和地理大发现。中国四大发明先后传到西方，对于促进西方工业社会的形成和发展，曾起到了重要作用。

　　中华文化的力量，已经深深熔铸到我们的生命力、创造力和凝聚力中，是我们民族的基因。中华民族的精神，也已深深植根于绵延数千年的优秀文化传统之中，是我们的精神家园。

　　总之，中华文化博大精深，是中国各族人民五千年来创造、传承下来的物质文明和精神文明的总和，其内容包罗万象，浩若星汉，具有很强的文化纵深，蕴含丰富宝藏。我们要实现中华文化伟大复兴，首先要站在传统文化前沿，薪火相传，一脉相承，弘扬和发展五千年来优秀的、光明的、先进的、科学的、文明的和自豪的文化现象，融合古今中外一切文化精华，构建具有中国特色的现代民族文化，向世界和未来展示中华民族的文化力量、文化价值、文化形态与文化风采。

　　为此，在有关专家指导下，我们收集整理了大量古今资料和最新研究成果，特别编撰了本套大型书系。主要包括独具特色的语言文字、浩如烟海的文化典籍、名扬世界的科技工艺、异彩纷呈的文学艺术、充满智慧的中国哲学、完备而深刻的伦理道德、古风古韵的建筑遗存、深具内涵的自然名胜、悠久传承的历史文明，还有各具特色又相互交融的地域文化和民族文化等，充分显示了中华民族的厚重文化底蕴和强大民族凝聚力，具有极强的系统性、广博性和规模性。

　　本套书系的特点是全景展现，纵横捭阖，内容采取讲故事的方式进行叙述，语言通俗，明白晓畅，图文并茂，形象直观，古风古韵，格调高雅，具有很强的可读性、欣赏性、知识性和延伸性，能够让广大读者全面接触和感受中国文化的丰富内涵，增强中华儿女民族自尊心和文化自豪感，并能很好继承和弘扬中国文化，创造未来中国特色的先进民族文化。

2014年4月18日

# 打遍天下——无敌拳法

拳术的祖源少林拳法 002

内家拳的典范武当拳法 008

以武入道的峨眉拳法 015

流传最为广泛的太极拳 025

发展传承曲折的形意拳 032

极具阳刚之美的南拳 039

形神兼备的各种象形拳 050

# 掌运乾坤——武林掌法

064 身法矫似游龙的八卦掌

072 禅武慈悲的十八罗汉掌

077 放长击远的劈挂掌法

084 源自宁夏凉州的西凉掌

089 开碑裂石的铁砂掌功法

095 以道入武的武当派掌法

100 刚柔相济的绵掌功夫

# 横扫千军——江湖腿法

106  腿法典范代表的潭腿

116  北腿之杰番子拳与戳脚

大侠杜心武神腿震八方  124

神奇腿法展现无敌功夫  133

在我国武术中，拳法是各类功夫之源，可以说，拳法包括了各类运用技巧，门类繁多，若以门派而论，则主要包括少林、武当、峨眉、太极等。

少林自古以来就是功夫之祖，少林功夫有门类繁多的拳法；武当派视张三丰为开派祖师，传下内家功夫，以后历代都有名家，与少林派并称我国武林中两大祖庭；峨眉派以武入道，一枝独秀并后来居上，成为与少林、武当鼎足而立的一大门派。其拳法也有独到之处。

太极是集历代之大成的新派功夫，它将武术、养生、医疾熔于一炉，使太极拳成为我国传播最为广泛的一类拳法。

# 无敌拳法

# 拳术的祖源少林拳法

少林禅宗的祖师达摩，生于南印度，婆罗门种姓，出家后倾心大乘佛法。自称"佛传禅宗第二十八祖"。在南朝梁武帝时期，达摩航海到达了广州。梁武帝信佛，达摩来到南朝都城建业拜会梁武帝，但

少林寺达摩洞内的达摩像

两人交谈并不很投机，于是达摩踏一枝芦苇渡江，北上北魏都城洛阳，游嵩山少林寺，在那里独自修习禅定，面壁9年，时人称他为"壁观婆罗门"。

达摩终日静坐，不免筋骨疲倦，又加上在深山老林，要防止野兽和严寒酷暑的侵袭。在传经时，他发现好些弟子禅坐时间久了，昏昏欲睡，精神不振。

为了驱倦、防兽、健身、护

■ 少林拳法浮雕

寺，达摩等人仿效我国古代劳动人民锻炼身体的各种动作，编成健身活动的"活身法"传授僧人，此即为"少林拳"的雏形。

此外，达摩在空暇时间还练几手使用铲、棍、剑、杖等防盗护身的动作，后人称之为"达摩铲""达摩杖""达摩剑"。以后，他又吸取鸟、兽、虫、鱼飞翔、腾跃的姿势，发展丰富了"活身法"，创造了一套动静结合的"罗汉十八手"。

后来，又经过历代僧徒们长期演练、综合、充实、提高，逐步形成一套拳术，达百余种，武术上总称少林拳。

五代十国时期，高僧福居特邀18家著名武术家到少林寺演练3年，各取所长汇集成"少林拳谱"。自福居倡导完善少林功夫谱系之后，少林功夫以其悠久历史、完备的体系和高超的技术境界独步天下。

这段时期，少林寺实际上成了一个有名的会武场

**大乘佛法** 也称"大乘教""大乘"。因能运载无量众生到达菩提涅槃之彼岸，成就佛果，故名。在佛教的声闻、缘觉和菩萨乘的三乘教法中，菩萨乘为大乘教法，历史上的北传佛教均以大乘为主。

气功 是一种以呼吸的调整、身体活动的调整和意识的调整为手段，以强身健体、防病治病、健身延年、开发潜能为目的的一种身心锻炼方法。气功的种类繁多，主要可分为动功和静功。练针灸的中医也常透过练习气功来增进疗效。

所，群英荟萃，各显神通。

少林寺博采百家，在吸收各武艺之长后，又逐步发展成为包括有马战、步战、轻功、气功、徒手以及各种器械等许多种套路的武术流派，后代弟子结合中华民族固有之武技精华，融会贯通，发展充实成为名扬中外的少林功夫。

13世纪初，少林寺住持雪庭福裕受元世祖之命，在和林、长安、燕蓟、太原、洛阳建立了5座少林寺，为嵩山少林寺的支寺，并派任高僧和武僧驻使，对少林武功的传播和发展起了很大的作用。

在此期间，起过重要作用的另一位著名人物，是少林寺的觉远上人。觉远和尚从小就喜欢练习拳脚棍棒、擒拿格斗，在性格上是一个豪放之人，喜欢结交朋友。而且还是一个有恒心的孩子，自从觉远拜了当时非常有名气的恒温为师后，练起武来格外认真，每

■ 少林武术表演

天都早早起床，晚上很晚才睡觉，有时在梦里还在琢磨着武术的招式。

觉远在少林寺出家，立志要完成荟萃天下武功的大业，于是他走出少林，遍访天下武林名家。并且将武术名家白玉峰、李叟等人请到少林寺，他们在少林寺精心研究少林拳法，注意拳法整理和传授，将少林拳中"罗汉十八手"发展为"七十二手"，以后又发展至"一百七十三手"，第一次系统地整理出一套少林拳法。

■ 少林武术雕塑

少林派拳术经过后世历代传承，形成了庞大的体系，包括有罗汉拳、小洪拳、大洪拳、老洪拳、少林五拳、五战拳、昭阳拳、连环拳、功力拳、潭腿、柔拳、六合拳、圆功拳、内功拳、太祖长拳、炮拳、地躺拳、少林拳、梅花拳、通背拳、观潮拳、金刚拳、七星拳、练步拳、醉八仙、猴拳、心意拳、长锤拳、五虎拳、伏虎拳、黑虎拳、大通臂、长关东拳、青龙出海拳、翻子拳、鹰爪拳、护身流拳等。

另外还有对练拳术，主要包括三合拳、咬手六合拳、开手六合拳、耳把六合拳、踢打六合拳、走马六合拳、十五合里外横炮、二十四炮、少林对拳、一百零八对拳、华拳对练、接潭腿等。

少林罗汉拳又是少林各类拳法之祖，它的特点是

**罗汉** 阿罗汉的简称，是佛陀得道弟子修炼最高的果位。罗汉者皆身心清净，无明烦恼已断。已了脱生死，证入涅槃。堪受诸人天尊敬供养。于寿命未尽前，仍住世间梵行少欲，戒德清净，随缘教化度众。

"拳路清晰简明，短捷紧凑，灵活多变"。罗汉拳精义中说："出手似箭，收手如绵，一招得手，连环进击。"

罗汉拳拳理渗透"相生相克、此消彼长、物极必反"的中国传统哲学观点。其手形变化体现阴阳五行之说。罗汉拳手形按"五行"分为5支："仰掌为水，立掌为木，扑掌为火，握拳为土，钩手为金。"同时，各种手形又有不同的运动要求："水枝如行云流水，木枝穿插如动箭，火枝如炎冲云天，木枝下沉重如铁，金枝变形如钩。"变化多端的"三掌一拳一钩"造就了罗汉拳的灵活，往往在实战中能出奇制胜。

罗汉拳不仅在招式上有独到之处，而且在武学之道的研究上也有不俗的见解：

> 练武者可分为三种境界：以力行，偏刚偏柔，刚而不柔，柔而不刚，为下乘；以气行，能刚，能柔，刚柔相济，气达全身，为中乘；以神运，虚实互补，刚柔俱化，劲透体外为上乘。

■少林武僧修行壁画

■ 少林武僧

　　由此理论也逐渐形成习武之人有层次上的差别，武学之道不在于行而在于神，舞形易而入神难，需要练习者的悟性，更需要长久的揣摩与研习。

　　罗汉拳的主要招式有和尚捧经、醉卧罗汉、童子摘葱、连环进击等。其中"一字马一片身"是罗汉拳独特的攻守方法。无论进攻还是防守，罗汉拳以自己的侧身对准对手的正中，前手似弓，随机应变以寸劲或防或攻；后手相随，或上或下，守中护肋。这种技击观念直接形成了后世的格斗技术。

**阅读链接**

　　少林拳术将"三节、四梢、五行、身份、步法、手足之法、上法进法、顾法、三性调养法、内劲法"叫作十法，它是综合手、眼、身、法、步、精神、气、力、功、功防、内外、劲法、三性调养等方面总结出来的理论。

# 内家拳的典范武当拳法

　　武当山以前叫"太和山"，传说真武大帝坐镇此山，因"非真武不足当之"而改名武当山。以道门传说，真武大帝之名"真武"，可见他那时就武功盖世，以后这武功就代代相传了。

张三丰画像

张三丰，元末明初武当山著名道士。史书记载，张三丰是辽东懿州人，风姿魁伟，龟形鹤骨，大耳圆目，须髯如戟。寒暑唯一衲一蓑，或处穷山，或游闹市……

　　张三丰幼年拜张云庵为师曾学静功，后来，他结合静功又糅合易经八卦，演创新的功法修炼。于是，他决意外出云游，遍访名师，增长见识。

　　这一天，张三丰来到陕西终南

山，这里山高林密，在树木掩映处有座庙观。张三丰细看庙门口的匾额上写着"火龙观"，里面飘出香烟，传出仙音。他大步向火龙观走去，一位黄头发、黄胡须的老道迎了出来，张三丰细看原来是上次说机缘的道人。

原来道人乃火龙真人，在这火龙观修炼了90余年，再有3年就要羽化，很想最后收一个关门弟子，已经遍游天下，寻访高足。上个月在金台观终于访到了张三丰，看他刚届不惑之年，日后定然前程无量，所以决意收他为徒。

火龙真人收下张三丰为徒后，又赐道号"玄玄"，教授他《道德真经》，领悟玄法天机。张三丰却又领悟到了新意。在终南山学道4年，离开后便云游天下。

这一年，张三丰进入武当县，他见武当县衙西边的凤凰山脚下，有眼山洞，洞中虽然阴暗肮脏，到底可以藏身。他在山上拔了一捆干草，垫到洞里，坐到里面练起了静功。

张三丰在山洞一住就是3年，他练静功练到了结丹，终于练成功了。这时，他身上的衣服又脏又烂，请施主给补成了百衲衣，头发胡须蓬乱如草，由于长

■ 张三丰雕像

**静功** 养生术语。肢体不运动的功法。相对于动功而言。为气功及武术的常用功法。是以站、坐、卧等外表上静的姿势配合意念活动和各种高速呼吸的方法的一类功夫。其中意念活动包括如何修德练性，或如何意守，如何导气等。

■ 武当拳法

洞天福地 就是地上的仙山，它包括十大洞天、三十六小洞天和七十二福地，构成道教地上仙境的主体部分。除此之外，道教徒还崇拜五镇海渎、三十六靖庐、二十四治等，五岳则包括在洞天之内。

年不洗脸不洗澡，脸上手上腿上糊得污秽黢黑，人们都称他"邋遢道人"，或叫他"张邋遢""邋遢张"。

张三丰离开山洞，来到县城东边的九龙山，这里山环水绕，碧树掩映，是一方修炼的洞天福地，他就在九龙山下结庵，取名"会仙馆"。他夜练静功，晨练动功，而且试图把静功和动功结合起来。

这天早晨，他刚到门前的场子上，准备再练动静结合之功，忽然听到茅庵后面喜鹊"喳喳"狂叫，不由得走过去看个究竟。当他转过屋角，一个有趣的现象，呈现在他的眼前：

一棵梧桐树上垒着一个喜鹊窝，一条花蛇图谋不轨，要到窝里吞食喜鹊蛋，喜鹊护子，便与花蛇展开了一场罕见的争战。喜鹊飞来飞去，要啄花蛇；花蛇尾巴缠到树枝上，身子倏忽躲闪着，伺机反咬一口，可喜鹊飞旋着躲开。它俩轻柔回环，盘旋飞舞，打斗多时，不分胜负。

张三丰定神看了一会儿，忽然省悟，花蛇盘旋，喜鹊飞舞，不正是在划弧转太极吗。他不由欣喜地叫道："好啊！练动功，当如此练。"

张三丰受到启迪，悟出了道家动功的真谛，他根据道教理论中的"道法自然""守柔处雌"等理论，把道家的内丹功、养生家的导引术、武术家的拳法、军事家的兵法，加以糅合、编创和演化，创造了以内丹为体、技击为用，养生为首、防身为要，以柔克刚、以静制动、借力打力、后发制人的具有独特功理功法、运动体系和形式的武当内家拳。

张三丰这套拳法，踏罡步斗，划弧转圈，以静制动，以柔克刚，借力打力，后发制人。

道家强调"道法自然"，武当拳功在老子哲学思想的影响下也注重自然，而且强调"效法自然"，这是武当拳功区别其他拳派的本质特征之一。

"效法自然"作为构建武当拳功理论和技术体系的根基，主要表现为返璞归真、太极图式、五行变化等。武当拳功的每一进程，都与模仿生物和非生物的结构、形态、性情、能力发生着密切关系。

战国时期，以摇筋骨、动肢体和调节呼吸来锻炼身体的导引术，就是导气令和、引体令柔，模仿鸟兽动作而达到延年益寿功效的。

东汉时期末年华佗的"五禽戏"，是模仿虎的前扑、鹿的伸颈、熊的卧身、猿的纵跃、鸟的飞翔等形象编成。六朝、唐时，

罡步斗 也称"禹步"或"步斗"，就是用脚在地上走出一遍数字路线，完成一个九宫格，俗称"四纵五横"，一个简单的九宫格。整个九宫罡步是玄武座的北斗七星，北方的五行属水。这里的罡步是一个先天八卦结合的洛书九宫，这和道家注重返璞归真的思想有关。

■ 武当拳法

导引气功有了重大发展，一些文人、道徒根据前人经验，又创造了八段锦、十二段锦。

从武当武功的导引术、五禽戏、易筋经、八段锦、内功图说、太极拳的整个体系来看，自然界各种生命现象特点的模仿是发挥其健身效能的奥妙。

武当拳功在其形成和发展中，远取诸生，近取诸物，像其形，取其意，学其长，利其用。这种对生物和非生物从动作、器械、名称、方法、特点等全方位的仿效，正是返璞归真的和谐现象，是武当武功对道家"天人合一"观念的运用。

仿生返璞是武当武功形成和发展的源泉，人在模仿和改造中，又创造了人类极大的精神文明和物质文明，发展了人类适应自然界的办法和技巧，反过来能动地改造自然。

武当太极拳"拳名为太极，实无极自然之运行，阴阳自然之而合也"。太极的一动一静而产生了天地万物，描绘了一个以太极为中心观念的宇宙发生图式。

拳名太极，就是以拳来体现人与自然的合一。所谓"拳为小道，而太极大道存焉"，即拳为道，道在拳中。练拳的过程，也是人与自然求和谐统一的过程。

■ 华佗五禽戏雕塑

虎形

鹿形

猴形

熊形

飞鸟形

五行拳

武当形意拳以"心意诚于中，而万物形于外"的自然统一观为基本理论，以三体式为功，五行为法，十二形为拳。

三体式是形意拳的基本桩式，也称"三才"，即天、地、人，视人体的上中下、头手足而言，即融贯天、地、人为一体。五行拳法即体现为劈、钻、崩、炮、横。

五拳按自然界的5种属性金、木、水、火、土五行相配，"劈拳之形似斧，性属金；钻拳之形似电，性属水；崩拳之形似箭，性属木；炮拳之形似炮，性属火；横拳之形似弹，性属土。"并以五行相生相克的变化规律来说明拳法变化，以拳来体现人与自然的合一。

武当武功极重净化精神，认为先以心使身，再为身从心。练拳功首先要心灵净化，排除杂念，具有超脱世俗纷争的意境，这叫"收心"，也叫"入静"。

以武当武功为源的太极、形意、八卦等诸种拳套更强调"内功外修"，认为人体是武功的载体，武功的强弱与武功载体的强弱是密切

八卦 源于我国古代对宇宙的生成、日月和地球的自转关系，以及农业社会和人生哲学互相结合的观念。最原始的资料来源于西周的《易经》，内容有六十四卦。八卦相传是伏羲所造，后来用于占卜。八卦代表了我国早期的哲学思想，除了占卜、风水之外，影响涉及中医、武术、音乐等方面。

相关的。

武当各家各派对于气的理解，赋予的含义及如何练气虽不尽相同，但一致认为练气是达到身心合修的最基本的条件。

拳术整体还表现在构建武当武功技术的各种要素和环节上，从动作看，均需丹田带动，由腰而胸、而背、而肩、而臂、而手。武当武功形体运动中的伸缩、起伏、翻转、俯仰、回环的变换方法，可以说是以腰为轴的运动方法，腰是上下肢的总枢纽。

武当武功既强调形体活动的程序性，也重视韵律的合理性。韵律不同于武术动作的节奏，但又寓在其中，有区别又有联系。

总之，腰为轴心，韵律合理，进一步体现了武当武功的内外、上下、攻防，整体合一，"道法自然"的特色。

明清时期武林多称张三丰为武当内家拳、太极拳创始人。经历代宗师的继承发展，武当武术成中华武林一重要流派，在民间传播，影响深远。

阅读链接

武当内家拳是一种集武术、养身为一体的精妙拳法，有以静制动，以柔克刚，以四两拨千斤，后发先制的武术特点，也有动如行云流水、绵绵不断、刚柔相含、含而不露的武术风格，更有发人潜能，开人智慧，充人精神，壮人体魄，祛病健身，益寿延年的独特功效，实不愧为是中华武术之晶体，东方文化之瑰宝。

# 以武入道的峨眉拳法

峨眉山最早为道教布道名山，比佛教来到峨眉山修行约早1300年。《山海经·西山经》《五符经》《魏书释老志》《汉书·地理志》《吴越春秋·勾践阴谋列传第九》《天尊老君名号历劫经略》《云笈七签》《峨眉山志》《明·峨眉道人拳歌》等书均有详细的记载。

自公元前370年前后，峨眉山隐士和后来的道家信徒合成，正式在峨眉山形成第一大流派"道家经学学

■峨眉山猿猴雕塑

派"，其方术和神仙思想也形成核心地位。

峨眉山自古多猿猴，据《搜神记》记载：蜀中西南高山之上，有物与猴相类，长七尺，能做人行，善走逐人，名成"猴国"，也称"马化"和"攫猿"。

据乐山、峨眉山地方志记载，先秦时期的司徒玄空，号动灵子，耕食于峨眉山中。他模拟猿猴动作，在狩猎术基础上创编了一套攻守灵活的"峨眉通臂拳"和"猿公剑法"。

峨眉通臂拳"力由背而发，督脉在背之正中，统领诸阳经。头顶项领，阳长阴消，下气上达，背气乃发，前手递出，后肘回撞，气由背过劲摧肩，背筋通达劲贯手。任脉在前胸腹之正中，统领诸阴经，阴气前收，丹田内转，阴阳转化，神气贯通矣"。

■ 峨眉山佛像石雕

■ 峨眉武术

据说司徒玄空学徒甚众。因为司徒玄空常着白衣，所以徒众们称其为"白猿祖师"。

隋文帝开皇年间，药王孙思邈到峨眉山习炼药膳，著书《千金要方》。修道习武之人与孙思邈一同常年研习百药，以茗载道，形成我国较早的一种茶药的人群组织，这便是峨眉派武术与道家茶学学派融合的起始。

据《五灯会元》记载，自唐代文宗时期起，我国佛教南宗大系临济宗门派、曹洞宗门派相继来到峨眉山，大兴佛教思想，道家学派随之衰弱。

835年，峨眉山佛教临济宗门人灵龛和尚等人将临济气功、峨眉通臂拳术、峨眉剑仙术三合一，创建了我国最完整的"峨眉派武术"宗源。

845年，由昌福达院禅师将原峨眉山道家药茶概

**临济宗** 禅宗南宗5个主要流派之一，自洪州宗门下分出，始于临济义玄大师。这种禅宗新法因义玄在临济院举一家家风而大张天下，后世遂称之为"临济宗"，而黄檗禅寺也因之成为临济宗祖庭。

**打坐** 又称"盘坐""静坐"，一种养生健身法。闭目盘膝而坐，调整气息出入，手放在一定位置上，不想任何事情。打坐既可养身延寿，又可开智增慧。在中华武术修炼中，打坐也是一种修炼内功，涵养心性，增强意力的途径。

念、道家养生经法和佛教禅悟思想融合，创立《峨眉茶道宗法清律》，形成最早期的峨眉派茶道宗源。至此，峨眉山修身和修心的文武两派于唐王朝时期起，正式支撑起了峨眉山道教和佛教两大教义的平衡点，并发展起来。

峨眉、少林和武当三派武术都遵循着"体用兼备，内外皆修"的原则，但是在具体实践上，又各具特色，尤其在"内外""刚柔"和"长短"3个方面更是各有专长。

佛教自晋代进入峨眉山。宋代以后，峨眉山更成为普贤菩萨的道场，是我国四大佛教名山之一。佛道两教传入峨眉山以后，僧人和道人在参禅静坐、念经拜佛之余，也经常习练拳脚、弄枪使棒，一则为强身健体；二则也为保寺护院。

由于他们平时参禅打坐，具有深厚的内功；再加上僧道两家在练拳使棒中相互切磋，取长补短，各创新路，因此逐渐形成独具特色的峨眉武术。

峨眉武术兼有佛家和道家之长，既吸收了道家的动功，又吸收了佛教禅

■ 白眉拳雕塑

修的静功，故而创造出一套动静
结合的练功方法。这种方法与各
种拳术、器械、散打及气功结合
在一起，便构成了庞大的峨眉派
武术体系。

■ 峨眉拳雕塑

有文字记载的峨眉武术，始
于南宋时期，峨眉山有个法号德
源的和尚，他原是一个游方僧，
武艺高强，因其眉毛为白色，故
人称"白眉道人"。

德源和尚创编了一套拳术，
称为"白眉拳"，此拳的特点是
模仿山中的白猿，在草地上跳跃
翻滚，舞手动脚，敏捷异常。

德源法师不仅武功非凡，而
且文才出众。他收集峨眉僧道武
术之长，结合自身经验，编写了
《峨眉拳术》一书。此书乃是有关峨眉武术的最早文字记载。从此以
后，峨眉山佛教才有了较为系统的武术理论和实践经验，在中华武林
中形成了自己的体系和风格。

南宋建炎年间，峨眉山金顶临济宗的白云禅师将阴阳虚实和人体
盛衰之机理，与武术中的动静功法相糅杂、融合，创编出"峨眉气庄
功"，因其类共有12节，后人称之为"峨眉十二庄功"。"峨眉十二庄
功"一直传承后世。

峨眉武术要求动功与静功并重。动功有十二庄："天、地、之、
心、龙、鹤、风、云、大、小、幽、冥"。静功有六大专修功："虎

**任督二脉** 以人体正下方双腿间的会阴穴为起点，从身体正面沿着正中央往上到唇下承浆穴，这条经脉就是任脉；督脉则是由会阴穴向后沿着脊椎往上走，到达头顶再往前穿过两眼之间，到达口腔上腭的龈交穴。任脉主血，督脉主气，为人体经络主脉。

步功、重锤功、缩地功、悬囊功、指穴功、涅槃功"。其中，尤以"指穴功"中"三十六式天罡指穴法"最有威力，既可以按摩治病，又可以防身制敌。

"十二庄"和"天罡指穴法"同属峨眉临济气功的内外攻法，临济气功在白云禅师创立后，一直在佛门内秘传，故民间知者甚少。

峨眉十二庄，是根据人身经络气脉的平稳与否，施展个别的架势、气运和观照等法术，以达到祛病延年和防身制敌的目的。古代称：四通八达的道路为"庄"，十二庄，即十二种通经活络的"道路"。

天地庄功主要是以升降为用，其中以任督二脉升降为主，气脉修炼的结果，是以反正为用。即天字庄在升降作用中，又主要以升来体会，其主要作用是益气升阳，地字庄主要以降来体验，主要作用是益阴潜阳。两庄合练，升降反正，天地二气交泰于身，则气运得调平衡。

天字、大字两庄庄架基本相同。天字庄主动，重在真气升降；大字庄主静，重在精神内守。两庄都以抱元守一为锻炼原则，以达到阴阳气机的平衡。

小字庄在十二庄中，是以降气为主。小字庄的武功

■ 天地桩功雕塑

运用，大小相辅，反正相佐，可产生"降龙又伏虎"的武功技能。

小字庄分内外两种用法。内练抱元守一，即练功夫时把神意专注在架子的小动作上，可治心念散乱，不致外驰。外用以对敌，是专讲用小的方法制人，研究单双攻破，长短制化，上中下三盘统运。用小字诀来统摄浑身的解数。全身皆法，招招触发，于不知不觉间，使敌受伤于不察。

■ 峨眉拳法表演

十二庄还分为文武两式和大小练形法。祛病强身者可以练习文式和小练形法，以达治病之目的。体格健壮者可以直接练习文武两式和大练形法，一方面可借此功为他人诊治疾患；另一方面还可借此功防身制敌。

"天罡指穴法"是在动功"峨眉十二庄"的基础上发展起来的。它融气功、按摩、点穴、布气和武功为一体，又可以称为"气功导引、点穴、按摩法"。此法分小导引二十八式、大导引八式。小导引主要用于治病兼救治气功偏差；大导引主要用于救治气功偏差兼及治病。

要使"指穴法"产生满意的疗效，必须有十二庄的深厚功力，又能明了经络在里表两支循环运行的规律及其盛衰偏胜的观症不可。此法用于武功自卫方面，可以点穴制敌。

**阴阳** 源自古代中国人民的自然观。古人观察到自然界中各种对立又相联的大自然现象，如天地、日月、昼夜、寒暑、男女、上下等，以哲学的思想方式，归纳出"阴阳"的概念。早至春秋时代的易经以及老子的道德经都有提到阴阳。阴阳理论已经渗透到中国传统文化的方方面面，包括宗教、哲学、历法、中医、书法、建筑、堪舆、占卜等。

南拳北腿

武术种类与文化内涵

（1507年—1560年），明代儒学大师、军事家、散文家，抗倭英雄。嘉靖八才子之一，文武全才，提倡唐宋时期散文，与王慎中、归有光合称"嘉靖三大家"，是明代重要文学流派唐宋派代表人物。

当初创立此气功流派时，曾多次与其他流派较量，此功屡胜不败，被公认为气功中最高明的一套。

古代有关峨眉武术的文字记载，确实甚少。可以查寻到的资料，有明代抗倭名将唐顺之所著的《荆川先生文集》，此书内有诗一首，题为"峨眉道人拳歌"。全诗共30行，每行七言，对峨眉拳术进行了非常生动形象的描述：

忽然竖发一顿足，崖石迸裂惊砂走。
去来星女掷灵梭，夭矫矢魔翻翠袖。
……
番身直指日车停，缩首斜钻针眼溜。
百折连腰尽无骨，一撒通身皆是手。
……

全诗记述了峨眉拳从起式到收式的整个表演过程，同时也描述了峨眉拳的身法、击法、呼吸、节奏等各个环节。

■ 峨眉派的著名兵器峨眉刺

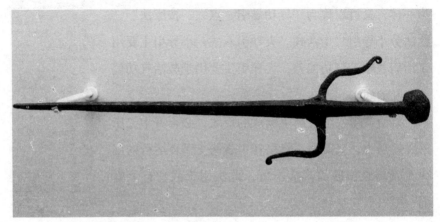

■ 峨眉拳雕塑

由此可见，明清时期，峨眉派成为一个由女子另创的武林门派，开始的时候叫作"玉女拳法"，后因祖师入了佛门，又以称女子为"峨眉"和佛教圣地之"峨眉山"的双重含义而得名。从宗教渊源上看，峨眉亦僧亦道，而以道姑为主。

此外，峨眉派的许多招式，也都十分具有女性的色彩，如拳法中的一面花、斜插一枝梅、裙里腿、倒踩莲等。

又如剑法中的文姬挥笔、索女掸尘、西子洗面、越女追魂等，簪法中的闭月羞花、沉鱼落雁等，都完全是女子的姿态。又如峨眉派的著名兵器峨眉刺，又称"玉女簪"，也是由女子发簪变来的。

关于峨眉派的分支，清代初期《峨眉拳谱》上这样记载：

文姬 （约177年—约249年），即蔡文姬。是东汉时期大文学家蔡邕的女儿，是我国历史上著名的才女和文学家，精于天文数理，既博学能文，又善诗赋。代表作有《胡笳十八拍》《悲愤诗》等。

一树开五花，五花八叶扶，

皎皎峨眉月，光辉满江湖。

"五花"是从地域角度所分的五大支派：

一是黄陵派，据说是从陕西流入的；二是点易派，以川东涪陵点易洞而得名；三是青城派，以川东道家圣地青城山得名；四是铁佛派，又称"云顶派"，川北较为盛行；五是青牛派，以川东丰都青牛山而得名。

"八叶"是指从技击风格角度所分的八派：

一是僧门，据说传自少林僧人，故名。又称"申门"。特点是巧、快、灵、动；二是岳门，据说由岳飞所传，特点是矮桩，手法不划圆不成拳；三是赵门，据说为赵匡胤所传，借鉴少林派太祖长拳等拳法，特点是高桩；四是杜门，以传说中诸葛亮八阵图之"杜门"而得名。特点是封锁严密，善于防守；五是洪门，相传以明太祖洪武年号而得名，习练大、小洪拳，特点是刚劲；六是化门，三十六闭手如春蚕吐丝，绵绵不断，紧封敌手，使其不能施展；七是字门，因收势摆成字形而得名，特点是高桩长手，起伏大；八是会门，以神拳为代表，讲究观师默像，念咒语，颇为神秘。

阅读链接

峨眉派拳法强调以弱胜强，真假虚实并用，站在女子的角度融汇了南拳、少林、武当等众家之长。峨眉派将女子的美在武术中发挥到极致，亦刚亦柔，如玉树临风，是诸家拳术中姿态优美的一种。

# 流传最为广泛的太极拳

　　河南温县陈家沟陈姓世代习武，耕读传家，从1372年陈卜自山西洪洞移居至此，转眼间历9世。这时，陈家出了一位武学大师，他是陈卜九世孙，陈氏太极拳创始人，被后人尊为"太极始祖"的陈王廷。

　　陈王廷自幼喜武，陈家有祖代相传的陈氏长拳，陈王廷在父亲教

■ 太极拳起源于太极图

《黄庭经》 道教上清派的重要经典，也被内丹家奉为内丹修炼的主要经典。后传《黄庭经》有《黄庭内景玉经》《黄庭外景玉经》《黄庭中景玉经》3种，首次提出了三丹田的理论。

导下，10多岁就精通了十八般武艺。后来，他随父亲陈抚民四方远游，寻访名师。父子俩进山西，折河北，绕道山东，历时半年之久。父子俩共拜访18位武术名家，陈王廷获益匪浅。

中年之后，陈王廷蛰伏在陈家沟，忙时耕田，闲时练拳授徒，不问世事。他一生醉心于武学，日常间挖掘整理民间各门各派拳械，较其异同，考其疏密，并精读医学宝典《黄庭经》，以此为乐。

陈王廷闯荡江湖几十年，他见识的武功多了，尤其，他长期研究各门各派武术颇有心得，他的拳法，早已不是家传太极长拳，潜移默化中糅进了其他拳种精华。

陈王廷于是想在此基础上，创编出一套新的拳法，并且，这套新拳应该：一可以技击搏杀；二可以

■ 陈家沟太极拳石雕

■ 陈氏太极拳壁画

强身健体；三老少咸宜，妇孺能练。

有一天，陈王廷发现了太极图，使他豁然开朗：太极本无极。无极之境是静止的，意理行而生太极，太极动则生阳，动极而静，静则生阴。阴阳两仪生四象，四象生八卦，进而推及万事万物。太极之理正可以作为拳理啊！

陈王廷回到家闭门谢客，足不出户，整日苦思冥想，一直持续了3个月之久。后来又跟当地名医学习医理，钻研《灵枢》《素问》《黄帝内经》等医书和《黄庭经》《周易》等书，按照人体结构、经络走向、血脉循环、穴位分布等生理特征，采纳各种武术流派的精华。

着重吸收了明代末期名将戚继光《拳经》中的部

《黄帝内经》分《灵枢》《素问》两部分，为古代医家托轩辕黄帝名之作，一般认为成书于春秋战国时期。在以对话、问答的形式阐述病机病理的同时，主张不治已病，而治未病，同时主张养生、摄生、益寿、延年。是我国医学宝库中成书最早的一部医学典籍。

分招式，据古人"气血淤阻，病由之生，气血通则病自愈"的医学论述和"以柔克刚，静以制动"的道理，结合自己习武心得，辨虚实，定阴阳，编起一套与众不同的拳法来。

这套拳据太极之理，由无极而太极，由无相生有相，由静而生动，每个招式都分阴阳变化，动作多呈弧形，做圆周或半圆周运动。

因为陈王廷所创拳路是以太极阴阳图为本，并在多方面具备太极阴阳图之性与形，所以，他给新拳正式取名为"太极拳"。

陈王廷又在祖传拳械的基础上，采择汉代诸家优秀拳路的特长，精益求精地创造了太极五套拳、五套锤、十五红、十五炮、红炮锤、一百单八式长拳以及别开生面的演练方法双人推手等。

1799年，河北广平府永年县杨家出生了一个胖小子，父亲欣喜地为之取名"福魁"，后字露禅。

杨露禅家世居县之南关，以务农为生，他自幼好习武，但因家

■太极拳艺术雕塑

贫，迫于生计，为城内西大街杂粮摊帮工，空闲时在广平府西关大街中药字号"太和堂"中干活。这药店为河南焦作的温县陈家沟人陈德瑚所开，他见杨露禅忠厚好武，于是便推荐他去陈家沟学习陈氏太极。

■ 杨氏太极拳雕塑

当时，陈氏第十四世的陈长兴，在祖传太极拳的基础上再树里程碑。他将陈王廷编的一至五路太极拳精炼归纳，创造性地形成完整套路，成为陈氏太极拳一路二路。

当时，从陈长兴习拳者，皆陈氏族人，异姓者只有杨露禅和一同前往的老乡李伯魁两人而已。

杨露禅第一次去陈家沟习武，碰了很多次壁，最后只好去陈长兴家当佣工，陈长兴鉴于杨露禅执礼之恭顺，求进之诚恳，持之以恒之决心，终于被感动了，收为徒弟。杨露禅刻苦学艺，终获太极拳技艺之大成，后来创立了杨氏太极拳。

杨露禅后来到了北京，清代王公贝勒等从其学拳者很多，被认命为旗营武术教师。从而使太极拳从民间武术登上了华夏武术的大雅殿堂，成为国粹。

武禹襄与杨露禅是同乡，1812年出生，自幼就酷爱武术，曾习陈

南拳北腿

武术种类与文化内涵

王宗岳 明朝万历人，内家拳名家。精通拳法、剑法、枪法，研究数十年，颇有心得。所著《太极拳谱》中之《太极拳论》，被视为太极拳经典理论。

吴鉴泉（1870年—1942年），本名乌佳哈拉·爱绅，满族。后随汉人习俗改姓"吴"，他的父亲吴全佑是太极拳的高手。吴鉴泉自幼跟父亲学习小架太极拳。吴鉴泉不仅精于太极拳，对各种器械，如太极剑、太极对剑、太极刀、太极十三枪等也非常精熟。

式老架太极拳，后又从陈清萍那里学赵堡太极拳，备悉理法，并于同期得王宗岳所著《太极拳谱》。

武禹襄在得此太极拳谱之后，多有参悟，更有新的阐述，从此，无意仕途，放弃科考，终身致力于太极拳术的研究，经过多年的潜心研究，终于创立了独具特色的武氏太极拳。

杨露禅之子杨班侯和他父亲一样，以武技在世上成为传奇，有关杨班侯比武取胜之事不胜枚举。杨班侯性情刚烈，对弟子要求严格苛刻，故从学者少。但有一高徒乌佳哈拉·全佑，从杨班侯学得杨氏小架太极拳，后改汉姓为"吴"，传与其子吴鉴泉。

后来，吴鉴泉在上海开办武学，将师承太极拳修改定型成另一家，世人称其为吴氏太极拳。吴鉴泉一生之中培养了大批学员，为吴式太极拳的传播做出了不可磨灭的贡献。

武禹襄回乡后，将武氏太极拳传其外甥李经纶，武、李二氏均系书香门第、官宦世家，甥舅也皆饱学，对拳理也易于理解融会，所以都有所成就。

李经纶，字也畲，他将太极拳法传其子宝廉、宝让，弟子有同乡郝为真和清河县葛福来。

形意、八卦大师孙禄堂就曾师从郝为真，1918年，孙禄堂宗老子自然之道、合易筋洗髓两经之义、用周子太极图之形、取河洛之理、依先后易之数，终于将太极、形意、八卦三家合冶一炉，融会贯通，革故鼎新，创立了孙氏太极拳，卓然自成一家。

孙禄堂一生以教拳为业，足迹遍祖国各地。1915年至1932年期间，孙禄堂除撰写了《太极拳学》外，还先后著述《形意拳学》《八卦掌学》《拳意述真》《八卦剑学》《论拳术内外家之别》等重要专著和文章。

孙禄堂虽名满天下，但俭素质朴如初，一生淡泊名利，不阿权贵，立身涉世"诚于中而形于外"，不图虚名，遇同道罔不谦逊，如无所能者。

晚年，他隐居乡间，预言自己去世之日，不食者两旬，而每日书字练拳无间。临终时，孙禄堂面朝东南背靠西北，端坐椅上，嘱家人勿哀哭并说："吾视生死如游戏耳。"

阅读链接

除杨氏太极拳，陈氏太极后又发展出武氏太极拳、赵堡太极拳、吴氏太极拳、孙氏太极拳、禅门太极拳、八卦太极拳、忽雷太极拳、原始太极拳、养生太极拳等流派，成为民间最为普及的拳法。

# 发展传承曲折的形意拳

　　形意拳，又称"行意拳""心意拳""心意六合拳"，与太极拳、八卦掌齐名，同属内家拳之中。它"重内而不重外，重神而不重形，重本而不重末，首讲壮内，练人之精、气、神，养丹田，强内劲"，打法多直行直进，形意拳之短打直进用于战阵中最为适合，无花俏之招

■ 形意拳源于英雄岳飞

法，长劲也是最快。

两军交战，千军万马中，要能有闪转腾挪之地不易，只有直行直进，走也打，打也走。形意拳在我国武林独树一帜，成就斐然。

形意拳的起源大体上有两种说法，一是传说中为宋朝名将岳飞所创；另一说为明末清初山西蒲州人姬际可所创。其实，姬际可与岳飞存在着渊源关系，当年姬际可在终南山获得《岳武穆拳经》据此潜心演练才卓然自成一家的。

岳飞塑像

姬际可，字龙凤或龙峰，生于明代万历末年，卒于清代康熙中期。自创形意拳后，便离开终南山，物色传人。但是沿途所遇，皆为庸俗之辈。到苏常一带访友，巧遇王辅臣父子，承他父子另眼看待，其子耀龙尚能刻苦用功，于是传其心意拳。

转眼5年过去，姬际可又向西南而行，至秋浦遇曹继武，很是看中他的品德和天赋，于是教授其心意拳法，这一教就是12年，曹抚其心意拳技方成。

曹继武所著《拳论·十法摘要》中也有相同记载：

> 余从学姬氏，以接姬氏之传，得其甚详，就其论而释之，定为十法摘要，非敢妄行于世，聊以训子弟云尔。

后来，曹继武又将心意拳传于戴龙邦，戴龙邦奉师命返回山西，途经洛阳时，撰写了《心意六合拳序》。但是，由于种种原因，戴龙邦的心意拳只传于子侄内亲，所以心意门人有"戴氏始祖为戴龙邦，拳仅传于其子文量、文勋"之说。

心意拳向形意拳衍化过程中相当关键的一步，是戴氏后人戴文雄收异姓李老农为徒，于是李老农也成为我国武林中承上启下的一派宗师。

李老农，又称"洛能"。1836年，李洛能变卖家产，别离故土，千里迢迢来到山西祁县小韩村，投师戴家学习心意拳。

李洛能这段经历又非常曲折，有两种说法，一种认为历经周折后，戴文雄正式收李洛能为徒；另一种说法，李洛能到祁县时，方知戴龙邦早已谢世30年，李洛能访知戴龙邦妻侄郭维汉也是戴家拳传人，于是租地卖菜投师学艺。

■ 形意拳宗师车毅斋

李洛能在祁县小韩村学艺10年，直至1849年他47岁时，受太谷富绅孟悖如礼聘才离开祁县来到太谷，充任孟悖的护院。

孟悖虽是富绅，但却精通史籍，学识渊博，对李洛能的武艺和武德十分钦佩。而且他将原本有些芜杂的心意拳进行了理论层面的归纳，对后来心意拳的发展影响较大。

李洛能正是在孟悖的

启发下，对心意拳的拳名提出了质疑，认为"心意拳"的"心""意"本属一理，均成思于内；而"形"，即"肢体"应属外。拳法本应是内与外的结合，用心意与肢体两方面的统一来表现。应该以"形"取代"心"，取名为"形意拳"。

李洛能所创的形意拳，其基本内容为"五行"和"十二形"。"五行"，即劈拳似斧属金、崩拳似箭属木、躜拳似闪属水、炮拳似炮属火、横拳似弹属土。

形意拳宗师车毅斋雕像

"十二形"则取12种动物搏击之式，分别为龙、虎、猴、马、鼍、鸡、鹞、燕、蛇、鹰、驼、熊诸形。

由于李洛能生前加入了太谷镖行，事务繁杂，而且年老后又回归了故里，没有能够从理论上详细阐明形意拳理。这个任务就落到了他的开门弟子车二肩上。

车二，生于1833年，1856年正式拜李洛能为师时，孟悖为其取名永宏，字毅斋。当时车毅斋跟李洛能学到了四十二形、三拳、三棍、五趟闸式的功法。

车毅斋不仅得到了李洛能的亲自传授，而且李洛能还将他托付给戴文雄栽培，因而车毅斋终能够集形意拳之大成。戴文雄临终时，将他重新修订后的《心意六合拳谱》传给了车毅斋。

车毅斋在研究《心意六合拳谱》的时候，他也发觉老师李洛能所说"将'心'改为'形'"确实是有道理的。

据此，他在孟悖的帮助下，对老心意拳又进行了全面的、系统的整理，在领会先师拳法的基础上，博采众家之长，结合自己的练功体会，从强身健体、搏击格斗的需要出发，对旧拳法进行了改革、创新，形成了完善的形意拳法。

车毅斋从理论上阐明了"以形取意，以意象形，形随意转，意自形生"的拳理；练法上，坚持"内意外形并重，养气练气并重，搏击防御并重"；内容上，对十二形进行了精简，只取各形的一个独特拳法；技击上，由过去的"快攻直取"发展为"快打猛攻，乱而取之"，"引进落空，智而取之"两种方法。

更为重要的是，车毅斋在拳法上，把传统

■ 心意拳雕塑

■ 心意潭腿雕塑

的五行相克拳改为拳掌互变，大大丰富了技法。

在此基础上，车毅斋与师弟贺永亨、李广亨及弟子李复祯一道，先后创编了五花炮、九拳、五踩六锤、十二连锤、连环手、挨身炮、九套环、劈锤、十六把9个对练套路；创编了六枪点子、对扎枪、对劈刀等器械对练套路；创新了拘马拼、阴阳把、狮吞手、迂回步、倒插步、带步等一些独特手法和步法，并改"少林潭腿"为"形意潭腿"。

车毅斋为使拳法名称符合"形意拳"之名，以象形方法命名了许多动作。如奎星式，以乌龙倒取水名之，顺步横拳叫"乌龙翻江"，崩拳十字踢叫"龙虎相交"等，充分体现了以"形"代"心"的特点。

1888年，车毅斋在天津以形意剑术击败了日本武士板山太郎，声名大震，被清代朝廷授予"花翎五品

潭腿 是一种以屈伸性腿法为主，并配合各种手法、步法所组成的拳术套路。其名称来源有3种说法：一说此拳腿法快速屈伸，故称为"弹腿"；一说此拳起源于或山东省龙潭寺，初称为"潭腿"，后又称改"弹腿"；另一说此拳由河南谭某人所创，初名"谭腿"。

军功"，太谷县志收纂，门人弟子立碑纪念，极大地促进了形意拳的传播。

至此，由李洛能创基、车毅斋完善的形意拳正式成为完整的系统拳种，在武林中享誉一方。

此后，形意拳与各门各派广为接触、交流，据说神刀李存义、大刀王五、杜心武等都曾慕名前往山西造访。为使形意门人代代有谱可稽，李存义还同李复祯等人研究，确定以"华、邦、维、武、尚、社、会、统、强、宁"10字排列辈次，促进了形意拳事业的发展。

形意拳风格独特，其动作要领为"七字二十一法六合"。七字二十一法，即"顶、扣、圆、抱、垂、月、停"7字各化3种基本功法。

三"顶"：头往上顶，舌尖顶上颌，手掌往外顶；三"扣"：膀尖、手背、脚面要往下扣；三"圆"：脊背、胸脯、虎口要圆；三"抱"：丹田要抱合为根，心中要抱身为主，胳膊要抱四梢停；三"垂"：气垂丹田、膀尖下垂、肘尖垂；三"月"：胳膊似弓如月牙；手腕外顶如月牙，腿膝连弯如月牙；三"停"：脖颈要停有登相，身法要停分四面，腿膝下停如树根。

六合又分为"内三合"和"外三合"，"内三合"即心与意合，意与气合，气与力合；"外三合"即手与足合，肘与膝合，肩与胯合。

阅读链接

李洛能弟子中得其精髓者，除车毅斋外，还有武术家郭云深，以半步崩拳打遍华北无敌手。

清代光绪年间，郭云深曾到太谷走访同门师兄，与车毅斋切磋技艺长达一年多。郭云深曾说："吾车师兄，技至出神入化之境，乃神妙莫测之手也。"而且郭云深一支更出了孙禄堂这样的大武术家，所著《形意拳学》《拳意述真》对形意拳的发展有极大推动作用。

# 极具阳刚之美的南拳

南拳又称"南方拳"，是南方各地地方拳种相结合的产物，技术套路繁多，遍布各省。由于历史悠久，再加上师承关系的演变，形成了多种打法，但多数套路仍具有同一特点，总属南拳。

关于南拳的起源，流传着一个故事：福建有一座少林寺，为嵩山少林的分支，人称"南少林寺"，寺中僧人世代习武。

康熙年间，敌国来犯，无人可敌，福建少林寺僧人请缨出征，大破敌军，班师凯旋。

不久，有奸人进谗，官府派兵

■南拳艺术雕塑

围剿福建少林寺，将该寺焚毁，寺中仅有五僧幸免于难。这5位僧人四处寻访英雄豪杰，创立了洪门，福建、广东、湖北一带的南拳都由这5位僧人传出，因此尊他们为南拳"五祖"。

广东南拳是高要人蔡九仪所传，蔡九仪明崇祯时以武科起家，为洪承畴之军分承宣官，后受技于一贯禅师，最长于超举术，而且精通腿法。与人相斗时，能腾身飞跃于数丈之外，疾如鹰隼，令人不易防备。

蔡九仪年老后欲传其术，于是在子侄及友人之中选择资质较佳者传授。其门徒中，以表姓与莫姓为最。表、莫均为顺德人，他们各得所长，各专心致意于师法，于是传下广东南拳一支。

广东南拳的发展在各省中最为迅速，影响最大的有洪家拳、蔡家拳、莫家拳、李家拳和刘家拳，号称"五大家"。其他如白鹤拳、佛拳、蔡李佛拳等也是历史悠久、风靡一时。

洪家拳又简称"洪拳"，一向是在南拳之中流传得十分广泛的门派，多个地方的主要拳术之中都有洪拳之名的，如广东、两湖、四川、浙江等。

关于洪拳的来源一般有两个说法，一是出自南少林寺，在明末清初时由福建传入广东；二是广东花县人洪熙官所创的。这两

**承宣官** 又称"承宣使"，古代官名。宋代初期沿唐代制，置节度观察留后，无定员，无职守，虽冠有军名而不赴任，仅为武臣加官虚衔，1117年改称"承宣使"。

■ 黄飞鸿画像

种说法大致上都和南少林寺的关系密切。

洪熙官原名为洪喜，乾隆年间福建谭州人，他原本是茶叶商人，人称"喜官"，到广东后人称熙官。他身材魁伟，膂力过人，师成于福建少林著名和尚至善禅师，后将所学技击经验结合自己的体型特点创造了以马步稳健、桥沉力雄、攻防连环、浑厚威猛而著名的洪家拳。

在广东，如"广东十虎"之中的铁桥三、黄麒英等就是习洪家拳的，并由一代宗师黄飞鸿将其发扬光大。洪家拳体系以黄飞鸿一脉的名为虎鹤洪拳，而套路方面主要的有工字伏虎拳、虎鹤双形、五形拳等，而其他的则是根据各支派而有所不同的。

刘家拳有禽螂爪、虾公腰之称，关于它的始祖，一直有3种说法，一是刘生；二是刘一眼；三是刘青山所创。一般在广东以外的地区是绝少见过此拳术的，而此拳术也只是在中山附近比较盛行。

刘家拳以灵为主，短桥短马、功夫硬朗、灵巧敏捷、步走四方、拳打八面。正如其拳理："进似追风箭、退似雷电闪、走步须灵活、出手似云烟"。它多是以吊马、拖马、侧闪等的，而手法上则是禽螂爪、虾公腰。

禽螂爪是指它的桥手快速敏捷；虾公腰是指腰力

■ 黄飞鸿坐像

**广东十虎** 清代末期，广东省有10位武功极高、受人尊敬的武林怪杰，称为"广东十虎"。分别是：侠家拳王隐林、九龙拳黄澄可、铁砂掌苏黑虎、无影脚黄麒英、软绵掌周泰、鹤阳拳谭济筠、七星拳黎仁超、鹰爪王陈铁志、醉拳苏乞儿苏灿、铁桥三梁坤。

南拳北腿

武术种类与文化内涵

**桥手** 南拳的一种称谓，指的是用手的前臂部分攻击防守的手法总称。这种手法用前臂防守的时候硬格硬架，用于攻击的时候硬砸硬打。这里桥是指手臂。说明手臂是通向对手的桥梁，更重要的是劲力发送到对方的桥梁。这也是力发于根节的一种说法。

■ 蔡家拳

的运用上要有如虾腰般的爆发力。其内容有大运天、小运天、十字拳、天边雁、八图功、刘家五形拳、刘家刀、刘家棍等。

蔡家拳相传为广东番禺人蔡展光所创，后由和尚蔡福传之后世，流行于广东中山以及湛江、从化等地。蔡家拳以"快"为主，所谓"洪家讲桥马，蔡家讲快打"，也如其口诀："快速灵巧、敏捷多变、消身借力、因势利导、闪化巧取、只可以巧取胜、不可以力争衡。"

蔡家拳有着重偏门攻击、快步抢攻、消身借力的特点，马步以三角步为主。其内容方面有十字拳、大运天、小运天、天边雁、柳碎梅、四象拳、拳肘手、六连拳、百鸟归巢、单头棍、双头棍、蔡家三矢大钯等。

李家拳相传为广东新会号称"金刚李胡子"的李友山所创，其发源地为新会市大泽区七里村，主要流行于中山、河源、高州等地。

李家拳是以长桥大马、偏身偏步、朴实刚劲为主的，身法上则是以肘攻击为主，要求诚实稳重，出手准确，是以肘攻击为主的，所以也要求着点准确，以避免一击不中，被别人有机可乘。

■ 李家拳

如其拳诀："奇肘卅六有谁知，出挫沉缠捆最宜。剪切盘循成妙用，穿栏拱折护相施。尖横下反兜归后，顿揭连攻腕在前。纂伏低寻高割就，平钩扫脚式难移。尖桥宜用连肘法，巧妙功夫在顿肘。我桥在上宜顿打，我桥在下用缠攻。"

李家拳套路内容有五连手、中六连、七连手、三十六肘、哨打、短扣、子午连环棍、双头大圈点棍、金锁连环双刀等。

莫家拳与一般的南拳是不同的，南拳一般的是比较着重手法的，而莫家拳则是以脚法为主的。莫家拳也为至善禅师所创，第一代人物之中有莫蔗蛟、莫达树、莫四季、莫定如、太平天国的女将莫清骄，尤其后来在香港武术界叱咤一时的双刀莫桂兰。

太平天国（1851年—1864年），后期曾先后改称上帝天国、天父天兄天王太平天国。是清朝后期的一次由农民起义创建的农民政权，也是中国历史上最大规模的农民战争。

莫家拳的要领是：一脚胜三拳。所以它是在南拳之中一个十分特别的门派，因为只有它是像山东戳脚般以脚攻击为主的。至于它的脚法方面一般是有：撑鸡脚即穿心腿、虎尾脚、钉脚、钩镰脚、后弹脚、翻身腿、侧脚踢、双飞脚、旋风腿等。

其实莫家拳的手法也是不可轻视的，它的手法大多是走重手一路的，以碎喉、插眼、撩阴等手法为主，也是别派的比较少。

一般人会觉得这些手法比较阴损，不够光明正大，但是在真实的格斗上，是生死之搏，而且莫家拳一般是给女子习练的，女子在力量上大多不及男子，所以难免要用这些手法去取胜了。

莫家拳套路内容有莫家正宗拳、桩拳、三支笔、碎手、莫家拗碎灵芝拳、双龙出海、直式等。

■ 莫家拳

南拳中还有一个优秀拳种蔡李佛拳，套路繁多，内容丰富，步法灵活，刚中带柔，以声助威，气势磅礴，颇能代表南拳风格。

■ 武术对练

蔡李佛拳创始人为广东新会京梅乡人陈享，字典英，生于1815年。陈享自幼酷爱武术，基本功扎实，12岁随叔父陈远护学拳。在陈远护的悉心教授之下，陈享15岁时已练就一身本领，并在崖西坑头村及新会周馆等处任教，因其技艺高超而闻名乡里。

陈享17岁拜新会李友山为师学习李家拳，李友山擅长腿法，见陈享乃可造之材，遂纳为首徒。4年后，陈享尽学李家拳艺，集南拳北腿绝技于一身。

但是，陈享仍然不满足现状，22岁时又拜广东罗浮山白鹤观"青草和尚"蔡福学拳。蔡福见陈享学艺极有诚意，品行优良，根基甚牢，而且悟性过人，于是收其为徒。由于陈享刻苦好学，锲而不舍，近而立之年终于学得大成，辞师返乡。其间，还受到蔡福好友江湖侠士白玉峰指点。

陈享32岁艺成下山，在以后长期的武术生涯中，他悉心研究各家拳法，结合陈、李、蔡三家拳法，创编出一种新的拳术套路，为了不忘师恩，特命名为"蔡李佛拳"。由于蔡福辈分最高，所以"蔡"字排在前头，又因陈远护的拳法师承鼎湖山独杖和尚，故以"佛"代表陈氏一门。

陈享在返新会途中，路经增城县境时，恰遇增城匪患成灾。时任

南拳北腿

武术种类与文化内涵

■ 咏春拳艺术雕塑

增城知县杨先荣、参将双达、游击汤骐照领兵及组织乡勇进剿，屡遭失败，无可奈何，知县只好张贴榜告招募能者勇士。

陈享探明情况，在金牛都拜会同乡汤骐照，揭榜进见知县。身怀下山时蔡福赠予的两把短刀，只身深入虾公塘等村庄的匪阵，左冲右突，如入无人之境，将土匪打得落花流水，救出多名被困官兵。

事后，由内阁大臣兼两广总督瑞麟上奏道光皇帝。授予陈享"忠勇侯"的官衔，并封号"达亭"。

1839年至1840年间，林则徐"禁烟"，陈享义不容辞，协助林则徐训练义勇水师。鸦片战争爆发时他毅然率领众弟子投入广州虎门水师衙门麾下，英勇抗击外来侵略。

■ 拳术雕塑

陈享后来到香港，又经香港转涉南洋，以教拳为生，在金山磊埠击败号称世界大力士、恃艺横行的恶棍基厉士而威震海外。

1845年，陈享漂泊数年后，回到故乡，开设"永胜堂"药店，悬壶济世，并苦心钻研武学。身怀绝技的他应乡中父老之邀，在京梅"缘福陈公祠"设立"洪圣"武馆，传授武学。

因为技艺实属非凡，故名扬四方。两广各处的武术爱好者纷纷投于门下，京梅村遂成了蔡李佛拳派的发源地。

陈享在京梅设"洪圣总馆"和"祖师堂"，指派陈大楫、陈典桓、陈燕贻、龙子才等多名高徒分赴两广各地开设40多间"蔡李佛洪圣馆"。

陈大成、陈胜典、陈谋荣等在新会设立分馆。由

**关帝** 即三国时期蜀汉名将关羽，在关羽去世后，其形象逐渐被后人神化，一直是历来民间祭祀的对象，被尊称为"关公"；又经历代朝廷褒封，崇为"武圣"，与"文圣"孔子齐名。汉传佛教中关帝被尊为伽蓝菩萨，是佛教人物中两大护法菩萨之一。在道教中尊为武财神。

一代宗师

华夏振雄风

咏春传正统

■ 叶问雕塑

于组织得力，一时间蔡李佛洪圣馆像天女散花，发展神速。

陈享根据蔡福大师的赠联，在京梅总馆挂"洪材定取文章事，圣算还推武略通"的关帝联；祖师堂对联是："蔡李佛门源自始，少林嫡派是真传"；门联为"拳出全凭身着力，棍来须用眼精神"；各分馆对联是："英棍飞腾龙摆尾，雄拳放出虎昂头"。

陈享创立的蔡李佛拳，拳路气势磅礴，别具一格，有"南拳北派化"之称。

南拳中另一个广泛流传的拳种当属咏春拳，"咏春"两字乃是为了纪念咏春拳之创始人严咏春的。

严咏春原籍广东，她自小跟随南少林五祖之一的五枚师太习技。及后更因见蛇鹤相斗而悟出拳术之理，并得其师五枚大师之修正，因而武技大成。当时严咏春请求五枚师太为拳命名，大师则叫她用自己的名字"咏春"为名。

严咏春后下嫁福建盐商梁博涛，并传其技给他。后来梁博涛因与红船中人友好，并常与其友梁兰桂、黄华宝及梁二娣等饮酒论技，他更将咏春拳与他们交换红船之名技——南少林六点半棍。由始起，"咏春拳"就不是只有八斩刀法一路兵器了。

其后梁华宝传艺予梁赞，梁赞人称"佛山赞先生"。梁赞凭其天资聪颖，苦心钻研，使咏春拳在晚清期间的岭南一带声名大振。

咏春拳术一派的推广者，首推叶问。叶问本为佛山名门望族之子，他因年幼体弱多病，7岁便投入梁赞入室弟子陈华顺门下学习咏春拳术，而陈华顺以其聪颖过人，勤奋好学，故经常亲自教授，而吴仲素则从旁协助，常与叶问过招，将咏春拳奥妙逐一指点，叶问因而武技大进。

陈华顺去世后，叶问随吴仲素苦练3年，比前更大有进步。叶问奉其父命来港就读于圣士提反学院，在此期间，得同学介绍，认识梁赞先生之子梁碧，并随梁碧修炼咏春拳术，尽得其学，而性情也变得谦厚和蔼。

多年来，叶问对咏春之改善及推广，使咏春一派能在香港、台湾及世界各地得以发扬光大，声名大噪。咏春拳拳式紧凑，实在是属于短打之中的优秀拳种。后来也出现了多个派别的咏春，如广州咏春、刨花莲咏春、米机王咏春等。

**阅读链接**

南拳的共同特点是：套路短小精悍，招式紧凑，动作朴实，手法多变，短手连打，步法稳健，攻击勇猛，常伴以声助威，技击性强。南拳讲究桩功，以练坐桩为主，有丁桩、跪桩等。还有练药手、打沙袋、铁砂掌、点穴功、童子功、罗汉功、青龙功、排打功等。

# 形神兼备的各种象形拳

葛洪创象形拳

葛洪问道

象形拳是模拟各种动物的特长和形态，以及表现人物搏斗形象和生活形象，结合武术动作创立的各种拳术，象形拳分象形和取意两种，象形是以模仿动物和人物的形态为主，缺少或很少有技击的动作。

取意则以取意动物的搏击特长为主，以动物的搏击特长来充实技击动作的内容。

这类惟妙惟肖的肖种在我国有着悠久的历史。《尚书》中已有"百兽舞"之说，相传上古之时已有"三人操牛尾以舞"为戏。《庄子·刻意》中记载："吹呵呼吸，吐故纳新，熊经鸟伸，为寿而已矣"，说明春秋时期古人已能模仿熊攀树自悬、鸟飞翔伸脚等动作。

至汉代，《淮南子·精神训》有"凫浴、暖攫、鸱视、虎顾"之说，而且开始流行"沐猴舞""狗斗舞""六禽戏""五禽戏"等。长沙马王堆汉墓出土的《导引图》中，绘有44个人物运动的图像，其中便有熊经、鸟伸、鹞背、猿渡、龙登、螳螂、鹤口等图形。

晋代道教学者、著名炼丹家、医药学家葛洪创编出了龙导、虎引、熊经、龟咽、莺飞、蛇屈、鸟伸、猿据等导引名目，与后世的象形拳术套路有着不可分割的渊源关系。

■ 猴拳画像

象形拳，顾名思义，像外物之形而创立的拳法。世间万物大者如雄狮、猛虎，小者如蝼蚁、螳螂，各自具有特殊的生存本领，人虽为万物灵长，然尺有所短，寸有所长。

禅家便从嵩山特有的自然环境中，独得万物之灵性，以鸟兽虫鱼之类所长，丰富和完善人自身的生存本领，创造了高境界的少林象形拳。

象形拳主要有猴拳、鹤拳、鹰爪拳、蛇拳、螳螂

《尚书》 又称《书》《书经》，为一部多体裁文献汇编，长期被认为是我国现存最早的史书。因是儒家五经之一，又称《书经》。《尚书》在作为历史典籍的同时，向来被称为我国最早的散文总集，是和《诗经》并列的一个文体类别。

拳、醉拳、鸭形拳，以及醉八仙、鲁智深醉跌、武松脱铐等。

猴拳，因模仿猴子的各种动作而得名。据记载，早在战国时就有了猴舞和猴拳，《汉书·盖宽饶传》记载西汉长信少府檀长清曾在一个盛大宴会上表演猕猴舞。长沙马王堆汉墓中的西汉帛画《导引图》上有"沐猴灌"的名目和图像，描绘的正是猴子的动作。

明代戚继光著的《纪效新书·拳经捷要》也有猴拳的记载。金铁庵在《醉八仙谱》中指出："拳法之盛行南方者，以七红、八黑、大小天罡、猴拳最为普遍。"峨眉山风景奇秀，其中峨眉灵猴更是拳家的仿生对象。峨眉猴拳遍及全川，拳路较多。

在清代末年，北方有个拳击手脾气暴躁，他因杀死一个恶徒而被抓。当时，杀人罪的判决结果不是死刑就是终身监禁。幸好他的好朋友有些势力，才判了他8年监禁。

拳击手被关押的监狱位于小镇郊外的一个森林，他的窗户刚好正对着许多大树，那上面经常有猴子蹦来跳去嬉戏玩耍。他对于猴子稀奇滑稽的动作感到很惊奇，于是每天专注的观察这些动物。他仔细地研究了猴子在各种

《汉书》 又称《前汉书》，是由东汉时期的历史学家班固编撰，是我国第一部纪传体断代史，"二十四史"之一，与《史记》《后汉书》《三国志》并称为"前四史"。全书主要记述了上起公元前206年，下至229年的史事。

■ 猴拳雕塑

052

南拳北腿

武术种类与文化内涵

情况下的动作，数年后，他已经能够很快地区别各个猴子的不同特征。

对猴子的打斗技巧，灵活度，脚上动作进行分类研究后，他发现这些动作与他从小练习的武术拳法有相通之处。于是他决定把猴子的动作与他所练习的拳术结合起来。

监禁的结束标志着猴拳的发展已经到了一个巨大的转折点。拳击手出于对古典小说《西游记》中孙悟空的喜爱，将这套独特的拳法以孙悟空这个角色命名。

猴拳在发展过程中形成了不同的流派和技术风格，但基

猴拳以孙悟空命名

本要领却是共同的，其动作内容既要模仿猴子机灵、敏捷的形象，又要符合武术的技击特点，具有形、法统一的猴拳动作。有的套路还编进一些跌、扑、滚、翻动作，做到神似，表现猴子的精神。

猴拳模仿猴的身形，要求缩脖、耸肩、含胸、圆背、束身、屈肘、垂腕、屈膝。手法模仿猴摘果、攀援，有刁、采、抓、扣等法。

步法模仿猴跃、窜、出入，有脚尖步、小跳步、交叉步等。眼神要像猴守物一样专注。技击中，主要运用上肢进行格挡、击打、掐拿等。起腿不多，仅偶用缠蹬、弹等腿法。猴拳的运动特点以灵敏善变、出手脆快为主。

后来，猴拳还吸收一些腾空翻转如侧空翻、旋子等和就地滚转的动作编入套路。猴拳套路一般模仿猿猴出洞、窥望、摘果、争斗、嬉戏、惊窜、入洞等情节编成。

鹤拳是南拳的一种，多流传于永春、福州、福清、长乐、莆田、连江、宁德一带。正宗的白鹤拳，相传由永春方七娘所创。

相传有一位武林高手名叫方慧石，避隐于福州沙莲寺，方慧石膝下有一女儿名叫方七娘，他就将全身的武艺传授给了女儿。

一天，方七娘正埋头飞梭织布。突然，一只白鹤翩翩起舞，在她的屋顶盘旋俯视，最后飞到厅堂来，伫立织机旁边，仰头朝七娘凝视，许久都不肯飞走。七娘见了，十分惊异，她顺手抓起梭盒向白鹤掷去。但见白鹤轻轻展翅，把梭盒子反弹了回来。

七娘又举起织布用的那根竹砚策，朝白鹤身上打去。没想到白鹤一脚轻轻抖动，那竹砚策又被弹回来。这下，可叫七娘备觉神奇。

■ 练习鹤拳的少年

这一天，那羽毛丰嫩、洁白如雪的鹤终不飞走。夜幕降临，方慧石叫七娘端出白饭、番薯米，放在厅堂上喂白鹤。但是白鹤一口也没动，便栖息于厅中的木梁间。七娘和父亲无可奈何，只好各自入睡去了。

黑沉沉的夜，万籁俱寂。方七娘在酣睡中，不知何时进入了梦乡。金色的阳光沐浴着朵朵盛开的鲜花，清风吹来阵阵沁人心脾的芬芳，小庭院窗明几净，方七娘正挥刀练武。

突然间，有一个白头老翁出现在她的跟前，那老翁笑容可掬地说："我乃白鹤仙人，今日特来相助。我有拳家正法，似刚非刚，似柔非柔，名曰鹤拳。你若愿意，我当全部传授给你。"

方七娘听后，真是喜从天降；高兴得连忙下跪，拜鹤仙为师。待她站立起来，那白鹤仙人已无踪无影，只听得和蔼的呼唤："我就歇在厅堂的梁上，天亮再见。"

■鹤拳雕塑

方七娘醒来，兴高采烈地把方才梦见的一切对父亲说了。天一亮，父女俩就在厅堂上，跟着那只白鹤练拳。为此夜以继日勤学苦练，忽有一日如醍醐灌顶般融会贯通，创出了白鹤门拳法。

白鹤门拳法流传后世，已演变为宗鹤、鸣鹤、飞鹤、食鹤4种不同的拳种。

宗、鸣、飞、食4种鹤拳既然同出一源，它们在技法和训练要求方面就必然有许多共同之处。比如它们都讲三战为基本；都讲气沉丹田，练丹田功，以气补劲。技击时都要求内外合一，借助明暗二劲。在身法上都要求头顶、项稳、拔等、松肩、松腰、松胯、提裆吊肚。手法都要求五行变化，讲求相生相克。步法都要求稳固，五点金落地，落地生根等。

但是，它们作为不同的拳种，又各有其特点和独到之处：宗鹤注重用"宗劲"，刚柔相济；鸣鹤以声催力，激烈勇猛；飞鹤舒展大方，动作形象；食鹤轻巧快捷，灵活多变。

宗、鸣、飞、食4种鹤拳，因各自特点的不同，对身法、步法、手法等方面也都有一些各不相同的要求。

鹰爪拳是模仿鹰捕猎动物之势演变而成的一种拳术。其起源，一说是源于明代，戚继光《纪效新书·拳经捷要》记载有"鹰爪王之拿"，言为鹰爪王所传之拳；二为清代中期河北雄县人刘仕俊所创。

刘仕俊1840年出生，少年时家境贫寒，以卖烤烟为生，但自幼十

■鹰爪拳雕塑

分酷爱练武。一天外出卖烟，到了晚上便在一家小客栈住宿休息，深夜独自在院子里练功，不料拳脚声却惊动了同住一店的法成和尚。

法成和尚等刘仕俊练好后对他说："年轻人，你的功夫练得不错，这对强健身体还可以，要想防身克敌就不行了！"

此时，年少气盛的刘仕俊闻听此言后很不舒服，他面露愠色，当场要与法成比个高低，于是两人就在院中比试起来。可是气势汹汹的刘仕俊求胜心切，虽然气

冲斗牛连续进攻三招，他均被法成轻易地一一化解掉，当刘仕俊第四次猛出右拳欲击打对方头部时，却被法成用"鹰爪"手法紧紧地拿住了刘仕俊的手腕。

■ 鹤拳舒展大方

此刻刘仕俊使出浑身力气，左扭右转，始终无法挣脱。法成又顺势在刘的背部穴位上点了一下，刘仕俊立刻感到全身酸麻无力，疼痛难忍摔倒在地。

这时刘仕俊如梦方醒，才知道法成和尚之武艺高超，便立即叩头拜其为师，法成欣然收下刘仕俊为徒。从此，刘仕俊随法成苦练武功，深悟法成鹰爪力之精奥，并创出鹰爪拳。

刘仕俊的传人"闪电英杰"陈子正后来将岳氏连拳、番子拳部分动作与鹰爪拳融合而发展成一较大的派系，故又称鹰爪番子门。

陈子正，又名陈纪平，河北雄县李林庄村人，自幼好武，得少林拳、番子拳、岳氏散手、鹰爪擒拿法之精华。擅鹰爪拳，被人誉为"鹰爪王"。

1918来上海表演"鹰爪罗汉拳"，受上海精武体育会邀请，专授鹰爪拳，还先后在上海大学、中国公学、圣约翰大学授艺。

陈子正后去香港精武会传艺，并赴新加坡精武会教拳。到新加坡不久，就在擂台上用半个回合，击败一英国拳术名家，被授予印度尼西亚短剑一把，剑上刻有"中国拳王"4个字。

自从陈子正在上海执教于精武会后，他的门徒学艺师成，纷纷南下，因此鹰爪拳就传到了南方。后人不仅继承了下来，而且还有了新的发展。

鹰爪拳的特点是姿势雄健，手眼犀利，身步灵活，发力刚爆。其手型似鹰爪，即手指的第二、第三指节勾屈，手背后张。手法有抓、打、拿、掐、翻、砸、锁、靠、崩、截、拦、挂等，注重抓拿；腿法有蹬、弹、撩、踹、缠、穿、连环腿等；身法有俯、仰、拧、转、伸、缩、闪、展等，讲究收腰紧劲；眼法有环、瞰、注、随等；劲力讲究脆、锉、提、紧。

鹰爪拳的功法主练鹰爪力和桩功。其套路有鹰爪拳、罗汉拳、十二路行拳、八步追、八面追、五十路连环拳等。

蛇拳属于模拟蛇的各种动作形象结合技击的象形拳类。主要流传于浙江、福建、四川、广东、台湾、香港一带。

山东乳山一带自古多蛇，多为毒蛇，当地流传一句话：饿死不捕蛇。话虽如此，但乳山一带，历来也不乏捕蛇好手。蒋煜祖辈即以捕蛇为生，传至蒋煜一代，除捕蛇之外，另创蛇拳一套，乳山人称"无敌蛇拳"。

蛇拳的动作开合得宜，刚柔相济，以柔为主，柔中有刚；上体要求松柔，下肢则要灵活，做到步活而桩实。有很高的实用价值，在实战中则要求：身要颤，步要转，双手忽闪神要战；圈绕步，步偕身，用指抢喉快为准；龙戏珠，掌插肋，勿手啄人勿顶击；脚尖点，虎爪进，急来缓应巧柔还。发劲同时还发声，以声助势。

■ 蛇拳动作

螳螂拳是我国著名的传统象形拳，是山东四大名拳之一，螳螂拳的形成发展，是凝聚了明末清初众多武术流派之长而成，仅依拳谱所载就有"十八家拳祖姓名"之说，可以说螳螂拳是我国古代武术文化的载体。

螳螂拳产生于明末清初，相传由山东栖霞人于七观察螳螂捕蝉之动静，取其神态，赋其阴阳、刚柔虚实之理，施以上下、左右、前后、进退之法，演古传十八家手法于一体而创螳螂拳法。

于七因是义军首领，时有旧部下秘密找他，于七深居简出，不轻易见客，与旧部下定暗号，凡来找他的，必须写一个"王"字，"王"字就是"于七"两字的重叠。后来于七索性说自己姓王，人呼之为王郎，"郎"是男子汉的称呼，以后音误为螳螂。

将螳螂拳真正发扬光大的是海阳司马李氏家族四世祖李赞元之玄孙李炳霄。

李赞元，清代顺治帝赐名赞元。1655年考中进士。翌年4月，任山东道御史。因其奏言刚直不讳，皇帝称为"真御史"。1674年升为兵部督捕右侍郎。

李赞元官居要职，门庭显赫，但家规甚严。《四勿诗》："手勿释诗卷，身勿著华服，心勿思邪事，行勿恃荫式"，为教子格言，故其13子皆无纨绔之习。代代恪守家训，始有"三世八进士"之美谈。

李炳霄是李赞元之孙，清代乾隆年生人，他自幼聪颖好学，继

■ 鹰爪拳

承家风，文武兼备，又精通医理，未及弱冠就有附贡之名。某年参加乡试不中，干脆弃文从武。李炳霄本是豁达之人，从此匿迹林泉，专一结交世外高人和江湖豪侠。适逢机缘巧合，索性又出家为道，号"升霄道人"。

李炳霄挟技游历天下，遍访武林高人，虚心学习，孜孜以求，探索武术真谛，将十八家武艺融会贯通。他由武入道，以道阐武，终得大成，后来得王郎螳螂拳真传，由其门人发展成为多种流派。

山东螳螂拳主要流派有"太极""七星""梅花""六合"四大派。七星螳螂拳和梅花螳螂拳在动作的组合结构上更为相近。

两种螳螂拳在许多套路名称，动作组合，攻防办法等方面都大同小异。

南派螳螂又名"周家螳螂拳"，是清代广东人周亚南创始的，其技术和理论与山东传的北派螳螂完全不同，而与南拳各派技术却极相似。

除南北两派螳螂拳外，在北派螳螂的基础上又经多年传习或与其他拳法混合，还有通臂螳螂拳、甩手螳螂拳、光板螳螂拳、八步螳螂拳等产生。

螂拳的手法，主要是：勾、搂、采、挂、黏、

**弱冠** 古代18岁至20岁的男子，要在宗庙中行加冠的礼数，加冠后，由贵宾向冠者宣读祝辞，并赐上一个与俊士德行相当的美"字"，以示成年，但体犹未壮，还比较年少，故称"弱"。后世泛指男子20岁左右的年纪，不能用于女子。

沾、贴、靠、刁、进、崩、打"十二字诀"。要求："不刁不打，一刁就打，一打几下"的连环进攻。

螳螂拳的风格，总的来讲，是快速勇猛、斩钉截铁、勇往直前的气势。其特点是：正迎侧击、虚实相互、长短兼备、刚柔相济、手脚并用，使人难以捉摸，防不胜防；用连环紧扣的手法直逼对方，使敌方无喘息机会。手法很丰富，既有大开大合的长打手，又有短小快捷的偷漏手，既有肘靠擒拿，又有地趟摔打。

螳螂拳在套路演练方面，讲究快而不乱、刚而不僵、柔而不软。套路结构严谨，动作之间衔接巧妙。外功是铁砂掌，内功是罗汉功。常练螳螂拳，可以培养人们的坚强斗志和敏捷应变能力。

醉拳是模仿醉汉动作的一种拳术。这种拳打起来，很像是醉汉酒后跌跌撞撞，摇摇摆摆，但实际上是形醉意不醉，是由严格的武术手法、步法、身法等组成的套路。

醉拳中有"太白醉酒""武松醉跌""鲁智深醉打山门""醉八仙"等名称。醉拳根据其不同名称而组成不同形象、不同内容的套路，但

■醉拳表演

都离不开醉形醉态的特点。醉拳由于其内容多跌扑滚翻动作，故又被认为是"地趟拳"的一种。

鸭形拳是民间少有人知道的象形拳种。鸭形拳的流传已有数百年历史。明代时峨眉山有位陆雅道人，在山里鸭池中，仔细察看鸭群的种种形态动作，再与拳术的基本功法相结合而创编出这套鸭形拳来。

鸭形拳举手投足间模仿鸭子走路时上身下体左右摆动、两蹼着地步履蹒跚、头颈后伸缩等形态。鸭形拳特色是两臂自然甩动、双腿交替、脚蹬撩踢、身体前后左右摆晃。

手法以掌为主，有勾、搂、托、插、穿、摆、掖、掷等，前撩后拨，左右伸按，柔中含刚。步法有弓步、虚步、行步、拖步、击步、挤步、跳步、辗转步等，多处于半蹲状态，要求腿部功力要好。头颈前探后拉，身体左右扭动，要求有很好的协调性。

**醉八仙** 取名于八仙汉钟离、韩湘子、吕洞宾、曹国舅、何仙姑、蓝采和、张果老、铁拐李的8种招式而成，每一位仙人都有其特殊的醉态，而这些姿势即被改成醉法的招数，由此醉八仙拳中，有些姿势才相当困难，如凌空翻转或单手倒立等招式，在学习上相当困难。

**阅读链接**

象形拳术的套路和拳术中的象形动作十分丰富。除了上面列举的拳套外，其他拳种中的象形招式不胜枚举。如太极拳中有"白鹤亮翅""野马分鬃""金鸡独立""白蛇吐信"等。

在八卦掌中有"鹞子钻云""猿猴摘果""飞燕抄水""大鹏展翅"；通臂拳中有"孤燕出群""猿猴出洞""燕子钻云"等。

# 武林掌法

掌运乾坤

　　我国武术拳谚说道："宁挨十拳,不挨一掌。""拳击表皮,掌击至里"。由此可见,掌功威力惊人。而掌功修炼,功法颇多,是中华武术和实战搏击中不可缺少的重要方面。

　　我国武术掌法众多,最著名的是八卦掌和少林十八罗汉掌,同时还有武当派独具特色的掌法,此外在武林中令无数豪杰谈掌色变的还有铁砂掌、朱砂掌、绵掌等。

# 身法矫似游龙的八卦掌

　　八卦掌又称"游身八卦掌""八卦连环掌""龙形八卦掌"等，是一种以掌法变换和行步走转为主的拳术。由于它运动时纵横交错，分为四正四隅8个方位，与"周易"八卦图中的卦象相似，故名"八卦掌"。有些八卦掌老拳谱常以卦理解释拳理，以8个卦位代表基本八掌。"八卦"最早见于《周易》："两仪生四象，四象生八卦。"八卦原指8个方位，即北、南、东、西、西北、西南、东北、东南。

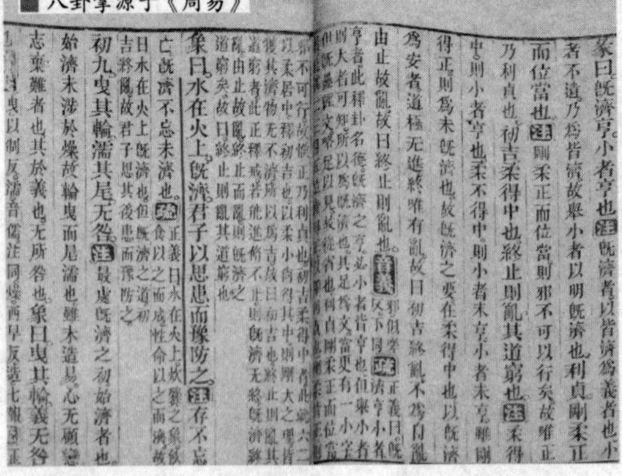

■ 八卦掌源于《周易》

　　八卦掌以掌法为主，其基本内容是八掌，合于八卦之数；在行拳时，要求以摆扣步走圆形，将8个方位全都走到，而不像一般拳术，或来去一条线，或走四角，所以称为"八卦掌"。

■ 八卦掌

八卦掌是我国流传很广的拳种，是内家拳三大名拳之一，在武坛南拳北腿诸家诸派，以走转运掌独树一帜，也是道家养生、健身、防身阴阳掌的一个体现。

八卦掌是融养生和技击于一炉，涵养道德的拳术，是清代河北省文安县武术家董海川将武功及内功融为一体，博采众长，加上自己的丰富经验，独创以掌为主的技术手段。

董海川生于1797年，原名董明魁，清代河北省文安县朱家务村人。董海川自幼聪颖，记忆力很强，到了6岁的时候，就已经识得很多字了。从7岁开始，跟"威名震河朔"的堂兄董宪朝夕相处，形影不离，他向堂兄学习武技，无论寒暑，他始终坚持白天学文、夜晚习武，他嗜好武术几乎到了疯狂的状态，时时刻刻脑子里都在琢磨着武术，只要跟武术有关的道理，他一点即通，而且能够举一反三。

董氏兄弟经常往来雄县与文安以武会友。董海川身体健壮，力量惊人，两只胳膊长得也比一般人长，很多书上记载他的双臂"下垂过膝"。

《周易》又名《易经》，是一部古代哲学书籍。是传统思想文化中自然哲学与伦理实践的根源，对我国文化产生了巨大的影响。是中华民族智慧与文化的结晶，被誉为"群经之首，大道之源"。

董海川十六七岁的时候，因为家境贫寒，无法继续深造学业，于是便把全副精力都集中在对武功的钻研上。功夫不负苦心人，他在武功理论上也打下了深厚坚实的功底。

董海川爱恨分明，秉性率直，疾恶如仇。当时山东、河北一带常有强盗出没，他常常路见不平，拔刀相助，侠义的名声传播四野，不仅在本村名号响亮，即使是周围的村庄也都知道他的大名。遇到无法应付的强盗土匪或者是麻烦时，人们常请他出面帮助解决。

但董海川不以此为满足，立志博学众家之长。26岁远游吴越，过江皖，走巴蜀，足迹遍及大江南北的

■ 八卦掌起式

名山大川，拜访各地高人隐
士及武林高手。

董海川到一处，访一
处，学一处，常与人比手，
验证所学。走过寒暑秋冬，
江南河北，气候、位置在
变，身边的景致也在变：北
方的山粗犷，南方的山灵
秀，北方的河奔放，南方的
河蜿蜒……就像武术一样，
北方的武术大开大合，南方
的武术注重细节。董海川觉
得，人的生命原本就是一段
看不到终点也无法有归途的
漫漫长路。

■ 八卦掌动作

董海川游历大山名川，遍访各派隐士高手过程
中，通过学习、切磋，所吸收的一些技艺、招法，都
成为之后八卦掌的生动素材。

后来，董海川在安徽九华山得遇号称"云盘老
祖"的盘山道长，在盘山道长的传授下，董海川学会
了八易寒暑掌法、步法、单练及徒手器械。

练完功董海川便在山洞里打坐，即使闭着双眼，
他依然可以感觉到穿梭在身边的午后的光线，听到清
凉的风声，还有树叶落地的"刷刷"声。

董海川也在此时接触到了《易经》，以阳爻和
阴爻相配合而成8个符号，分别是乾、坤、坎、离、

**九华山** 位于安
徽省池州市青阳
县境内，古称
"陵阳山""九
子山"，因有九
峰形似莲花，因
此而得名。保留
有乾隆御赐御笔
金匾"东南第一
山"。九华山与
山西五台山、浙
江普陀山、四川
峨眉山并称为我
国佛教四大名
山，是地藏王菩
萨道场。

震、艮、巽、兑，代表天、地、水、火、雷、山、风、泽，八卦互相搭配又得到六十四卦，用来象征各种自然现象和人事现象，八易寒暑法则是把八卦中的8个符号，作为8个方位用于武术技击。

8年后，董海川艺成下山。从雄县开口的番子门拳到南方道教的转天尊、八易寒暑掌法，这些都成了董海川之后创编八卦掌的基础。

13年后，董海川年近40岁回归故乡，已改青年时之刚烈。朝夕习练，揣摩，传授族人。时常外出数日，家人不知何为，问他，他都回答访友去了。

在清代咸丰年间，董海川流落京师，隐姓埋名成为太监到肃王府当差，与世无争，数年下来，竟无人知道董海川是一位身怀绝技的武学大师。

有一天，太极拳名师杨露禅奉召在肃王府与府中拳师比武，连战连胜，最后竟将一拳师掷于园网之上。是时董海川手托菜盘由此经过，立即飞身上网救起拳师。

■八卦掌动作

这一下，人们才看出董海川是一位深藏不露的武林高手。在王爷命令下，董海川于是下场与杨露禅相斗，双雄对峙，胜负难分，据说两人连斗了3天，势均力敌，打成平局，由此两人名声大震，而八卦掌也与太极拳各立门户，桃李盈门。

以后，众人争相向

■ 八卦图

董海川请教武艺，董海川因材施教，扬长避短，使得八卦掌既有统一格调，又形成各具特色的不同流派，获得绵绵不断的发展。

同时，由于董海川声望日隆，前来比武较艺者络绎不绝。董海川都以礼相待，服之以艺，感之以德，而且注意从对手身上吸取诸家之长，融会贯通，丰富自己，因而技艺不断提高，臻于化境，从而成为继往开来的一代八卦宗师。

八卦掌以沿圈走转、"趟泥步、剪子腿、稳如坐轿"、扣摆转换以及避正打斜等为运动形式，有别于其他拳术。并且在治病、内功、技击和涵养道德方面，有明显的效应。尤其在内功和涵养道德方面，表现更为突出。

八卦掌动作轻灵敏捷，脚步起落摆扣，行如趟泥，随走随变，式式相连，走圈转掌，如环无端，圆中有圆，腰如轴立，以八大桩法为转掌功，又集八大圈手于一体，下配一至八步的摆、扣、顺步法为基础，以绕圈走转为基本运动路线，以掌法为核心，在

桃李 春秋时期魏国子质知识广博。他开学馆收学生教读，学馆里有一棵桃树，一棵李树，凡是来上学的学生都跪在桃李树下拜认先生。后来，这些学生先后成才。他们为了感念先生的教诲，都在自己住处亲手栽种桃树和李树。子质自豪地说："我真是桃李满天下啊！"从此，就以"桃李"代指学生。

走转中全身一致，步似行云流水。

八卦掌身法要求：拧转、旋翻协调完整，走如游龙，翻转似鹰。手法主要有：穿、插、劈、撩、横、撞、扣、翻、托等。

董海川主要在北京一带传艺，弟子中，深得八卦精奥并成为武术名家的有尹福、程廷华、李存义、马维祺、史计栋、宋长荣、宋永祥、魏吉祥、樊志涌、谷步云、刘宝真、梁振蒲、刘凤春、司元功等。

1900年八国联军入侵北京时，程廷华目睹侵略者暴行，勃然震怒，奋起反抗，凭借八卦绝技，从容击倒10余名贼寇，使侵略者"无敢进者，怒且以为神也"。最后，程廷华死于侵略者火枪之下。

尹福，字德安，号寿鹏，河北冀县漳淮乡漳淮村人，尹福年少时去北京以卖油条、烧饼为生，因极爱武术，从小就学习"潭腿""罗汉拳"等，打下了良好的武术功底。

董海川以八卦掌绝技威震京都，尹福慕名拜在董海川门下，开始学习八卦掌。经过数年的苦练，尹福武功出众，成为董海川的得意大弟子。因其身材较

■ 八卦掌搏击

**《雍正剑侠图》**
又名《童林传》，由清代末期评书艺人常杰淼在天津创作的评书作品。书中有大量比较真实的武术描写。惯于引经据典，能够"武书文说"，把剑侠图说成学问书。"剑侠图"是因为常曾在书中提到"康熙六十一年武英殿御览群侠图"而得名。

瘦，面貌清秀似文弱书生，故人称"瘦尹"。

尹福吸取董海川拳艺的精华，又博采各拳门所长，创立了以冷掌技击见长的尹派八卦掌，名震京师。尹福后来在皇宫教太监练习八卦掌，光绪皇帝曾召见尹福，见其身手非凡，便跟他学习八卦掌。

李存义，原名存毅，字肃堂，河北深县人，人称"单刀李"，武功闻名海内，成名后当选为中华武士会教务主任。

刘凤春，字茂斋，河北涿县人，人称"翠花刘"，是董海川的关门弟子，年最幼，后得师兄程廷华教导最多，终成一代武林高手，后辈对他十分钦敬。

八卦掌第三代弟子也是英才辈出。程廷华所传弟子中著名的有孙禄堂、刘斌、姬凤祥、杨明山、冯俊义等；尹福所传弟子有马贵、何金奎等；李存义所传弟子有尚云祥、李文豹等。其中孙禄堂、刘斌、尚玉祥等人都是一代武术名家。

董海川于1882年冬季逝世，当时编有多种崇尚董海川武功的传奇故事，其中以武侠小说《雍正剑侠图》，影响最广。该书中以童林字海川暗指董海川，给董海川生平和八卦掌渊源染上了一层神奇色彩。

阅读链接

相传郭云深与八卦掌始祖董海川曾经论武相交，认为八卦掌与形意拳在拳理上有互补之功，不禁止门下相互学习，两门之间以兄弟相称，故习形意拳者多同时学习八卦掌，称为"形意八卦拳"。

但考证历史，两派的交流，应该开始于李存义与程廷华，两人均在北京天津一带教拳，两人交情又好，所以河北形意拳门下多同时学习八卦掌。后世八卦掌的流派有较大影响的五大流派为：尹派、梁派、程派、张派、史派等。

# 禅武慈悲的十八罗汉掌

少林罗汉掌

十八罗汉掌法原图谱为宋末元初所绘制，与传统少林大金刚拳属同一时期，素为嵩山少林寺"镇山护寺"之宝而秘传于寺内，为武僧首领及高僧大德、方丈主持所专习。

少林诸柔拳，均以至缓至柔的"功法"为基础，突出其独立平衡动作的能力和诸武功造型中奇巧与难度，立意展露和体现少林"佛学养心"的主题为内涵；而"十八罗汉掌"却以独特圆

■ 罗汉掌雕刻

缓、自然的"柔法"拳技，契合、突出了远古少林拳尊尚实战为本；以传统攻防技法、功法为结构；崇尚内力，以刚柔有度、潜心慎行、清逸舒朗为主旨内容的少林"柔拳"；其本质与特征浸染着原生态古韵般的奇绝与风韵，凝聚着古历史遗迹的智慧与本真。

明末清初时期，少林寺院曾一度荒芜，其民间诸多原始孤本、拳法经典、棍棒绝技、功法秘传随法典佛经大部分散失、流落民间。十八罗汉掌即在此时传于民间。

十八罗汉掌形仪古雅，质朴本真；结构简洁，中正和顺；飘然绝俗，通贯神韵；刚柔有致，端庄沉稳。注重动静之间严谨精到，彰显活力、守正求法，颇富庙堂之气而独具灵动与法度。

十八罗汉掌练法注重一法两势，左右均衡，阴阳互换，直线斜行；圆中取直，意随虚实；顺力柔化，

**方丈** 一丈四方之居室。即禅寺中住持之居室或客殿，也称"函丈""正堂""堂头"。转而指住持之居室，后转为禅林住持，或对师父之尊称，俗称"方丈"或"方丈和尚"。一般情况下只要有寺庙就有住持，而方丈必须是上规模的寺庙群才能有。

■ 罗汉掌雕塑

十八罗汉 初始由"十六罗汉"发展而来,后曾列"达摩多罗"和"布袋和尚"成为"十八罗汉"。宋末元初后各地寺院始有"十八罗汉",至于清代,乾隆帝又重钦定"降龙罗汉"和"伏虎罗汉"为第十七位和第十八位罗汉。

步换轻灵;攻防相依,吐纳循经;刚柔有变,垂正合应。最能体现"禅武合一"的精神内涵。

十八罗汉练习中的神韵与动态,可谓尘封暗动于刚柔、虚实、阴阳、横顺、圆直、顿挫、分避、进退的攻防意识之中。其中每一掌法、身法、方法、步法、与眼法的配合,拳术用法与技术力度的体现,均颇似佛门中十八罗汉"持戒苦修、镇山护寺、奉善止恶、替天行道"等不同"尊者"的神态与意境,其内含各自不同的寓意体验与心理妙悟。

凸显十八罗汉护法诸神:广大神勇、弘法利生、明心见性、参禅开悟的坚韧与毅力、气质与心性;从而彰显出十八罗汉苦其心志,求其证悟、匡扶正义、不惧生死的佛学精神与智者法度。

"十八罗汉掌"的修习,在拳与法同习的意境中,融汇于我国传统文化睿智思维与信息,在潜移默化的苦修和心性沐浴过程中的智慧与胆识、自信与勇敢中;在坚韧宽容、自强进取等人格再造精神的更多理性思考与"觉悟"中,都会给人们以纯净与新意、中和与心炼。

正因为如此,十八罗汉掌在传统文化元素的意蕴中,可谓充满了质朴纯真、气格高古的智慧哲理和生命活力。十八罗汉掌会使练习者有更多的机会欣赏、理解、诠释"尚武精神"与"佛法禅学"互相凝聚、交融的意境与理念，使其传统佛学禅宗的圆融精神与少林武功高度完美的心悟境界所焕发出的远古历史灵光与拳法"本真致一"的神韵。

十八罗汉掌练习过程中的方法与劲道，从起势"天地采气"至收势"引气归元"共18动势，均以掌法为其主体，但同时其中又兼容以拳法的配合，例如"怀中抱月势""霸王敬酒势"等，从实战角度讲有效提升了拳与掌的互补与运用。

■ 罗汉掌动作雕塑

而拳术动作间的节奏掌控、韵律变化与攻防走势，始终遵循"斜线直行沉稳灵活，匀速平缓，意在圆柔、势节相连、舒展自然、刚柔顿挫的特点与风格，使技法在灵动婉约之中充满韧性；又会纵然出现瞬间动静有致，如弓弩撑满后的劲力突变。其因势随行，如古雅清奇体势中不失轻柔似水的智慧与灵性，又处处蕴含其原始野逸的遒劲。

十八罗汉掌在攻防走势交织循环、刚柔圆转运筹有度的松静、柔缓、灵动的基础上，在起、承、转、合，凝练简约，定法异变，势断意连的劲道与韵律间

霸王（前232年—前202年），通常指称"项羽"，是古代著名将领及政治人物，秦代末期时被楚怀王熊心封为鲁公，秦朝亡后自封"西楚霸王"，项羽的勇武古今无双，他是中华数千年来历史上最为勇猛的将领，"霸王"一词，专指项羽。

的微妙运用于变化中，突出了整体拳法柔中寓刚、刚柔相济，连贯相属、气脉相容、层层递进、一气呵成的节奏与韵律。

十八罗汉掌战法内容包括：扑、劈、抽、挑、托、弹、戳、推、肘、撞、砍、切、击、截等18种不同技法，均巧妙地融汇于拳术的踢打摔拿之中，其中方法清晰，使用简约，独具特色。

十八罗汉掌技术结构严密，拳术风格以临战为本，讲究"招招有势，势势有法，法法有用"，"攻法如锋穿壁，御法如云入水"，"彼不动，吾不动，彼先动，吾已动"的心法运用；以"习之有形，用之无形，即无形之形，无状之状，无象之象"为本念；注重"练中自有千变化，用时全在一念间"，讲究"随时而动，因势随形"，"心悟手从，形随意出"等"拳禅一体"的战术攻略与心法理念。

在实战运用中，十八罗汉掌以其独特"防守反击"型的战术原则，充分运用每一动势稍纵即逝的战机，实施掌、拳、肘、膝、腿为主攻，以近摔、锁拿为助攻控制的"直横撩劈、沉托分闭、吞吐开合、借势闪避、柔化顺进，迅猛突袭"的战术攻防特色。使其攻防能力和技法运用达到战术的最高水平。

**阅读链接**

十八罗汉掌的修习包括：坐壁观禅功、站桩功以及"接手"等。通过长期攻与法循序渐进、持之以恒的专注、刻苦训练。

一方面在禅学修为身心的过程中涵养、恢复人体的精、气、神、力，同时又能使人的心性趋于淡定自然、心绪平和、情致静逸、自信果敢，进而消除内心忧郁、易致躁怒之弊；另一方面利用功法的训练可有效储备身体的多种潜质，以有效强化和促进综合实战能力。

# 放长击远的劈挂掌法

劈挂掌,古称"披挂拳",也称"抹面拳",因多用掌,故而得名,擅长中、远距离克敌制胜,讲究放长击远。

它将武术"一寸长、一长强"的技击理论发挥得淋漓尽致,对于技击空间的控制,讲究远则长击,近则抽打,可收可放,可长可短,经历代发展,技术体系完善,内容丰富多彩,拳械全面,不愧为传统武术百花园中的一朵奇葩。

劈挂掌盛名久远,早在明代中叶就已流传于民间了,明代军事家戚继光在《纪效新书》中对劈挂掌就有精辟的论述。他在《纪效新书·拳经捷要篇》中写

戚继光完善劈挂掌

道："披劈横拳，而其快也 。"这是指劈挂掌迅猛快捷。又说："腿可飞腾，而其妙也。"这是描述劈挂掌中"抄手起脚 "等招式，说明腿法灵活之妙用。

戚继光在他创编的长拳三十二势中，又吸收了劈挂掌中的埋伏势、倒骑龙、摧地龙、顺弯肘等单势动作，这足以见劈挂掌在军旅武术中的地位是很高的。

戚继光之后到清代嘉庆年间，河北沧州一带又有劈挂掌流传，此时劈挂掌已有盐山和南皮两支流派了。

盐山一支传自清代盐山小左庄人左宝梅，生于1753年，因其武德高尚，武技出众，故人尊称"左八爷"。

清代乾隆年间，一位道人姓韩，留居在盐山县大左村的一个古庙中。左宝梅因爱好武术，经常到古庙中和韩道人谈武论技。谈到兴处，两人就交手试技。没想到这个韩道人武艺高强，左宝梅是屡战屡败。

■黄林彪画像

后来左宝梅和韩道人成为至交，并拜韩道人为师，经过数年苦练，终于尽得劈挂掌之真谛，成为沧州名师。

左宝梅为人忠厚，性情温和，虽然武艺高强，却从不恃技凌人，在沧州就流传着左宝梅以德服布贩的故事。

左宝梅在望树集为布经济，他为人公正，交易公平。一次，一个布贩子和他发生了纠纷，他自恃身高力大，拳脚了得，就野蛮粗横，蛮不讲

■ 劈挂掌起式

理。左宝梅好言相劝，他不但不听，还口出秽言。众人非常气愤，纷纷让左宝梅教训他。

左宝梅和颜悦色地对布贩子说："小伙子，不要火气太盛。"

布贩子见左宝梅是个白发苍苍的老人，很不在意。他双手抓起一个百十来斤的布包放在驴驮上，然后扬扬自得地看着左宝梅，像是炫耀自己的臂力。

见此情状，左宝梅伸出一只手，毫不费力地抓起一个同样大小的布包，轻轻地放在驴驮上，博得众人齐声喝彩。

布贩子见状无言，后坚持请左宝梅到家中一坐。左宝梅说道："练武首要重武德，切不可以武欺人，影响了武人脸面。"

布贩子连连应声称是，后来两个人成了好朋友。

左宝梅习得劈挂掌绝技后，又传于潘文学。潘文学，字世魁，后来他主持盐山书院时，设文武科教授学生，历时数载，武科人才济济，其中李云表和肖合成尤为出众。

黄林彪（1831年—1907年），清代末期同治、光绪之际，与李云表、肖合成并称"燕南三侠"。黄林彪初习桃园门拳艺，兼善陆合大枪及刀、剑等艺。成为通备门承前启后之健将。

李云表中年时客居京都，曾做过五营八旗总教习，名噪京师；肖合成年幼即习劈挂掌，功夫可谓炉火纯青，因其轻功尤为出众，故称"飞身肖"。

李、肖两人之后，又有黄林彪、王正谊、于保麟最为著名。黄林彪生于1831年，字伟村，体格健壮，才思敏捷，武艺精深，人颂诨号"盖南京""黄六爷"，他是李、肖两位大师的艺业继承者，晚年收马凤图、马英图兄弟为徒授艺。

马凤图，生于1886年，是通备拳艺的继承者和开拓者，曾任甘肃、青海两省国术副馆长，他对当时流传于北方的劈挂、八极、翻子、戳脚、形意、螳螂等拳种都有精深的研究，他在为官之后，遍访各派宗师，取诸家之长冶于一炉，丰富了劈挂掌和通备拳艺的技法。

马英图，马凤图胞弟，曾任中央国术馆武术科

■ 劈挂掌招式众多

长，人称"马狠子"，他与其胞兄马凤图都是劈挂掌一代宗师。

继马氏二杰之后，又有他们的儿子颖达、贤达、令达、明达和徒弟王桂林、沙子香、王天鹏、罗文源、马承智等继承了劈挂掌之精粹。这一支劈挂掌经马凤图、马英图传播后在甘肃及西北诸省流传最广。

劈挂掌要求单式与套路结合

掌运乾坤
武林掌法

劈挂掌南皮一支传自清代南皮县庞柳庄人郭大发。郭大发早年做过镖师，因武功精绝，后被召入皇室，任紫禁城护卫官。晚年以教武为生，传艺于其子郭长荣和其孙郭秀亭。还传教于临村呰庄赵氏。

赵氏自传三代后，传至赵世奎，赵世奎在清代末年又把劈挂掌传给了郭长生。

郭长生生于1896年，人称"郭燕子"，曾任中央护卫，后辞职回乡，中央国术馆成立后，任苗刀及武术教官。

郭长生一生授徒较多，其中主要弟子有曹砚海、郭健伟、高玉清、牛僧华及儿子瑞林、瑞祥。

郭瑞祥的入室弟子王志海、王华锋、郭桂然、郭铁良、郭贵德、王琳峰、孙满长、马俊祥等继承了劈挂掌之精粹，这一支劈挂掌在河北一带流传较广。

劈挂掌要求单势与套路相结合，理象会通，体用兼备，互为补充，注重力从腰发，用胸部的吞吐和腰部的拧转折叠配合两臂的运动，使动作大开大合。在动作上表现为滚、勒、劈、挂、斩、卸、剪、

■ 劈挂掌讲求劲道

**辘轳劲** 劈挂讲究"辘轳反车，反车辘轳"劲，有时也写作"翻扯辘轳，辘轳翻扯"，于是便有了"辘轳劲"一说，流传甚广。所谓"辘轳劲"实际就是"滚劲"，是早期劈挂拳家借用"辘轳反车"以形容迅猛贯通的滚动劲势。

采、掠、摈、伸、收、摸、探、弹、砸、擂、猛十八字诀。

劈挂掌在技击上讲究吞吐伸缩，放长击远，回环折叠，虚实往返，招法珠连，带攻猛进。主张以快打慢，以长制短，闪进攻取。

劈挂掌基本攻防规律为高来则挂，低来则劈，横来则拦，顺来则搬。其拳谚说道："千趟架子万趟拳，出来一势打不完。"实战时讲究"击中目标是小胜，打倒目标乃上乘"。

劈挂掌的主要劲法有辘轳劲、翻扯劲、吞吐劲、滚勒劲、通透劲等。发力时要求臂、肩、胸、腰、背、胯、膝、腕各关节柔活自然，放松不拘，合蓄开发，势猛力柔，柔中含刚，即蜿蜒蛇行，用之轻松，意含铁石。运力时劲力集中于"吞吐开合，起伏拧转"。躯干开合如弓，胴胸背吞似弦，发出之力犹如离弦之无影快箭，与上下肢及躯干的起伏拧转形成调全身之力，以最快带度 集中于一点的合力。

劈挂掌最主要的特点表现于手臂上，两臂条直，搂臂合腕，大劈大挂，放长击远。躯干和下肢的作用特点是前握后扣，吞胸凸背，缩肩藏头，拧腰切胯，合膝钻足，收腹敛臂。

其步法多为跨步、辗转步、激绞连环步。运动时步法灵活多变，连环交织，快如激涛之浪，一经接触，使对方防不胜防，形成了逢进必跟，逢跟必进，进跟连环，环环相套，敏捷疾速的独特风格。

劈挂掌在演练时表现为起落钻伏，伸收摸探，开合爆发，蜿蜒蛇行，快捷灵活，犹如大江奔放，气势磅礴，起伏跌宕，川流不息，疾风怒涛一泻千里。眼法上要求一眼、二胆、三打技术快与慢。有拳谚说道："眼为先锋，脑为主帅，手足则是五营四哨之将兵。"

劈挂掌在行拳应战时要做到观前后，顾左盼右，望远视近，随形出招，步到招到眼先到。练功时注重慢拉柔练，调劲运气，蓄精欲神，体健神会。即：慢拉架子、快打拳、急打招、气沉丹田。

劈挂掌的技术内容较为丰富，它主要包括单势训练、拳术、器械和实战。

单势运用及基础套路有单劈手、双劈手、开山炮、倒发乌雷、搅地龙、鹞子穿林、埋伏势，抄手起家、双撞掌、大跨步、十二趟子、十趟潭腿等。

劈挂掌经马凤图、马英图、郭长生等人总结、充实和扩展，器械也较为丰富。流传于世的主要有奇枪、六合大枪、疯魔棍、三节棍、劈挂单刀、劈挂双刀、苗刀、宣化剑、梯袍剑、凤头钩、拦门橛、鞭杆等。

**阅读链接**

劈挂掌在整体上表现为大合大开，猛起硬落。合如伏炮，缩身藏头，开如炮发，上下展炸。两臂劈挂，柔实抽鞭，长击准抽，翻腾不息。劲力饱满，舒展飘逸。即在交错劈挂的运用中松肩舒背，臂起时绵柔快速，劲力通透，劈落时力猛如炸弹，体现了柔中寓刚的特点。

# 源自宁夏凉州的西凉掌

南拳北腿

武术种类与文化内涵

练习掌法的人

"学了西凉掌，打人不用想"，是武林中对清代末期西凉门拳术的赞誉。西凉掌，又称"曦阳掌"或"西阳掌"，在武术界，关于这门掌法的起源，大体有两种说法：

西凉门拳术是起源于凉州，即宁夏甘肃一带，西凉掌的"掌"字含义是指该拳种的全部上肢动作以掌为主。

后来，西凉掌从凉州地区传到了内地南京。据说当年南京五台山来了位西凉和尚，他挂单化缘，挂在南京鸡鸣寺。西凉和尚挂的是长单，可以住几年，短单只能住几天。他白天化缘，晚上教拳。

当时有位拳师唐殿卿就住在那里，唐殿卿，生于1852年，河南商丘人，出生在武术世家。自幼承家技，精石头拳。他白天做苦工，晚上跟西凉和尚学拳。

南京下关有个恶霸叫叶海龙，他无恶不作。西凉和尚义愤填膺，决心整治这个恶霸。两人恶斗了一场，叶海龙不敌西凉和尚。

■ 西凉掌雕塑

后来，叶海龙使用奸计害死了西凉和尚。唐殿卿决心为师报仇，他打死了恶霸叶海龙，自己坐了3年牢。人家问他："你用什么拳打死恶霸的？"

他说："我用西凉师父的神掌功夫打死了他！"

于是，人们为了纪念这位西凉和尚，把西凉和尚教的掌法称为西凉掌。

唐殿卿成年后设帐授徒，遍及徐州、南京、镇江、扬州一带，并受聘至安徽庐州任李鸿章后裔的武术教师，传艺项目有上下石头拳、西凉掌等。

后来，江湖上有"南京到北京，神手唐殿卿；南京到北京，铁腿张安庆"的说法。唐殿卿、张安庆在

李鸿章（1823年—1901年），清代晚期名臣，洋务运动的主要领导人之一。作为淮军创始人和统帅、洋务运动的主要倡导者之一，他官至直隶总督兼北洋通商大臣，授文华殿大学士。

镇江时，授拳多人，高足有王殿奎、赵保棣等。

西凉掌上肢十分重视手掌功的训练，而下肢则注重桩功的练习。掌法有穿、劈、翻、推、挑等。要领包括手起撩阴、肘法护心、云蔽日月、脚踩中心、身似滚而起，身进脚手随。36个单势，势势相连。一百四十六手法似鼓锤，九九八十一响声如鼓点。闪展起落甚是美观，给人以一种精神饱满、强悍有力、势如破竹之印象。

唐殿卿在扬州所传的西凉门武术并非一套拳术，而至少是由3套拳术组成。

第一套，青毛狮拳，又称"夜战八方"，除起势、收势外，分为8段，由83个动作组成，注重拳打一线，外方内圆。

第二套是石头拳，又称"七星梅花势"。这套拳除了起势、收势外，分为8段，特点是舒展大方，身法紧凑、步法灵活、拳势威猛、刚劲有力，发拳有穿山洞石之情，落步有入地生根之意。

第三套就是西凉掌，这套拳分上下两路，除了起势、收势外，总共由172个动作组成。综合以上3套，扬州武林俗称之为"西凉三拳"，或称为"西凉上中下三套"。

■ 西凉掌

武术种类与文化内涵

大约于1890年之后，唐殿卿将"西凉三拳"传给刘绍臣；后来刘绍臣传给田永庚、刘桂歧、张正魁、江子泉等，他们是西凉掌在扬州传授的第三代。

西凉门拳术尽管有3套拳术，却能共同组成一个拳术系统，形成了一个独特的武技流派，原因在于它们有着共同的战术和技击特点。

最显著的特点，唐殿卿既以"神手"著称，当然与他的西凉拳术以掌法见长有关。掌法有打、扒、搓、合、推、穿、劈、按、挑、盖、切、托、搂、拍、缠、砍、插、扇、刁、亮、拿、抓、点、击、舞花。

■ 西凉掌雕塑

西凉掌的两掌之间，攻守十分分明，虚实相间，此手打，彼手封，此手上架，彼手护裆，前手出击，后手护胸。

行拳走势时上掌、下掌、左掌、右掌、明掌、暗掌连为一体，上下左右，明暗正反，纵横交织，一气呵成；从头至尾连接紧凑，以身助臂，以臂助掌，而且配以击响，俗话说"西凉掌一百零八响，三十六响手脚响"，大开大合的招式，纷呈多姿的掌法，崩脆震耳的击响，构成起伏磅礴的拳势，从而成为西凉节奏鲜明的标志。

唐殿卿（1852年—1925年），清末民初杰出武术大师，《中华武术大辞典》记载其出身武术世家，精石头拳。他练就拳、刀、枪、剑、棍，有深厚的功底。

西凉掌除擅长用掌外，也不拒绝用腿，赋予腿脚不可缺少的示威空间。以搂手侧踹、弹踢推掌、里合弹踢、铲腿旋风、连环腿、扒手撞膝、连环撞膝、震脚高崩、提膝拍掌为主要动作的拳脚并用，使它在走势中手到腿到，手出击头，脚起撩阴，潭腿、摆莲腿、里合腿、缠丝腿、旋风腿连番使出，尤其善用膝法和震脚，一步一膝，上身紧封门户，下身灵活多变，连环击敌。

技击性强，是西凉掌的又一特点。待对方出手时我出手，不等对方力到我手已击中对方，其招式有刁手抹面、贯打行手、扒掌点心、夜叉探海、猿猴献果、猿猴照镜、海底捞月、双峰贯耳、侧身反击、浪子踢球、刁手滚肘、刁手搓掌、跃步连环掌。

而这些招式威力的实现，是以做到3个字作为技术前提的。一是促，靠近进攻，越近越狠；二是刁，即是虚虚实实，真真假假，指上带打下，使之无招架；三是快，遇机即打，寻机速战；手快制手慢，所谓"对方出手我出手，见缝插针走前头"。

除了掌、腿之外，周身之头、肩、肘、膝、胯、足，无一不是攻防武器，擒拿、点穴、上打、下踢、身撞，神出鬼没，四处击敌。

**阅读链接**

西凉掌的发劲也别具一格，讲究以意领气，以气摧力，力发于腰，输于四肢，发力刚脆，拳势雄壮。

不但强调闪避进击，以巧取胜，还讲究掌拳的力度硬功，所以习练者未习西凉掌之前，首先以排手、抓酒坛、扔沙袋、拧筷子、五指撑等传统方法苦练基本硬功，尤其是排手功五式贯穿于整个套路之中，然后再去学练套路，进而从理论上深悟三节明、四梢齐、五行闭的道理，掌握西凉掌内外结合、刚柔相济的拳理要领。

# 开碑裂石的铁砂掌功法

在远古年代，没有攻坚工具的时候，拳术是抵抗外侵和自卫防身的方法，同时也是健身方式的一种。

拳术的门派很多，一般分为内家拳和外家拳，"铁砂掌"就是内家拳的一种，是武术绝技中的上乘功夫，不仅讲究显露手的技法，还要求技法与内功的密切配合，因此在练习这种功夫的同时，既能锻炼外部躯体，又能健强内脏，取得内外兼修的锻炼效果。

"铁砂掌"早在东汉末年时期，就有某大将军练到了炉火纯青的极点，据说他只用了四分的力量，就一掌把马打翻倒地。经过历代发展，到了清代末年，则有以铁砂掌独步武林的顾汝章，

■ 铁砂掌塑像

成为被人们传颂的一代宗师。

顾汝章是江苏阜宁人，1894年出生于一个贫苦农民家庭。他8岁起师从山东武术家严蕴齐。严蕴齐精通少林武艺，尤其擅长枪术，武林有"严大枪"之称。顾汝章苦学10年，尽得严师真传，青年时代即以少林武术显名于苏、湘、浙、鄂等省。

顾汝章的铁砂掌功尤其为人所称道，有"铁掌顾汝章"的美名。他平时掌软如绵，不异常人，但一到实用之时，发掌有顽石立碎、生铁可裂之功。他掌力沉雄而控制有度，令人不可思议。

顾汝章在广州时，曾做过铁砂掌的表演，他把14块砖叠在一起，一掌下去，只见底面两块砖完好无损，而中间12块砖尽皆碎裂，其掌力之刚猛，透劲之灵活，令人瞠目结舌。众人见其身形精瘦，然其掌劲刚柔并济，运用随心，实具武学巨匠之风范。

南拳北腿

武术种类与文化内涵

■铁砂掌动作雕塑

当时，有个俄国力士来广州西瓜园，表演"大力戏"，牵出一匹烈马，声称哪个中国人制得住烈马而不死者，得银洋200。

顾汝章登场后，说非为奖金，只为看马。据说顾汝章当时出掌在马背上轻轻一拍，烈马立刻动弹不得，第二天就不食而死。经解剖，马的内脏受严重的内伤，俄国人立即收拾包袱离开。顾汝章以铁砂掌大长了国人的志气。

铁砂掌顾名思义，是用铁砂练习人手掌部的功

■ 铁砂掌训练雕塑

法，属于硬气功范畴，属阳刚之劲路。

练习铁砂掌要做到："气自丹田吐，全力注掌
心。按实始用力，吐气需开声。"技击动作发出前，
各关节要放松，待出击时突然伸直，劲达掌心，同时
大喝一声，则掌力正至极处。

拳经写道"气贯掌心，劲达四梢""拳从心发，
劲由掌发""腿打七分手打三，全仗两掌布机关"
等，说明了铁砂掌在我国武术中的作用和地位。因
此讲"手的变化，决策于腕。掌根锐骨，即为腕劲。
灵龙活泼，刚柔蓄隐。擒拿点打，无不应顺。掌腕合
窍，方能制人。腕滞力拙，徒劳费神"。则说明掌和
腕的重要性，两者必须互相协助方为佳。

铁砂掌是用铁砂和药物配合而练习的，练至掌部

**文火** 中药学名
词，指熬药时的
火小而缓。药物
煎沸后，一般用
慢火、微火煎
煮，味厚滋补药
宜文火久煎。也
指气功内丹术术
语，指练功中用
意轻柔缓行之
谓，与武火相对
而言。

则手掌坚硬如铁，臂长力增，功力深厚者可以碎砖断石。通过练习铁砂掌，可使掌部表皮增厚，筋骨及表皮组织对外界环境的适应能力大大提高，腕指关节更加灵活，肌肉韧带的力量增长，强劲而有力。

铁砂掌的练法需仰仗药力，而且必须注意运气，以收内壮之助。草药为练手秘方，如陈酒5斤，人中白及白醋各10斤，拌和煎汤，每次煎3炷香，煎至4次，用文火熬炼稍浓，倾入铁盆中以木杵捣烂成泥，再加细铁砂，其数量与药泥相等，用口袋布盛好，置坚实木凳上。

铁砂掌练习时，每日晨昏拍打之，由轻而重，由徐而急。单手或双手，由习者自己选择。开始手必现青肿，甚至脱皮落肉。

每次练习铁砂掌后，必须以洗手秘方洗之，以期消毒去肿，强筋壮骨，则内外坚实矣。习至百日，略可应用；习至一年，大功已成。

秘法铁砂掌正宗练法，初级采取马步站于凳前，全身正直，两膝屈，肩放松，腰松，胯坐，以得劲自然为准。

历代气功家认为，在养生健体方面，马步是壮肾腰、强筋骨、补元气的最佳步法；在技击上，常练马步的人稳定、平衡功能特好，下盘稳固，不易为人所制，手、腿上发出的攻击力量强大、干脆、快速。可以说，马步桩是养生、技击必修的法门。

武术界流传了千百年的行话就是"入门先站三年桩""要学打，先扎马"；甚至有的功法全是以马步为步法的，如"少林内劲一指禅"等。马步有高、中、低之分，难度依次增大。

初练铁砂掌应由高而低地站马练习，可以很快地收到健身、强腰增力之功效。不论练习哪一种方法时，手掌都是不用力的，而是放松的，也就是说，让手掌自己掉下去的重力击打砂袋。

此外，练掌时还必须将全副注意力集中在双掌和卧袋上，不可心猿意马。

铁砂掌主要练习方法有拍法、切法和印法3种。拍法即用手掌的后部肌肉丘击打卧袋，左右掌交替；切法即用小指一侧攀部侧面击打砂袋，左右掌交替；印法即用手掌的根部击打砂袋，左右掌交替。

以上3法，在头10天时，只练拍、切法，以后再加入印法，切不可操之过急，贪功冒进，以

扎马 也称"马步桩"，是许多门派的根基功夫，各派的马步大同小异，站马步桩主要有两个目的，一是练腿力；二是练内功。站桩就是聚气。

铁砂掌动作雕塑

罗汉掌武术表演

免受伤。

在每个人的练习过程中，都会出现一些反应，应区别对待。每次练功几分钟后，即感双掌发热有如火烧，这是内部气血充盈的好现象。

同时，每次练功中感到双掌、手指尤其是大拇指和指骨疼痛，属正常范围，马上用药洗、擦、按摩后即可消失。另外，每次练功后感到手指变粗、掌部变大变厚、发胀，这都是好现象。

练功数十日后，掌部脱皮、长疙瘩、肌肉增厚而有弹性，都是好现象。脱皮、长疙瘩现象以后会逐渐增多，直至最后会自然消失，双掌自会柔软如女人之手，不必介意。

铁砂掌练习初级功20天左右即可试劈。可以先试数片瓦块，再试几枚核桃，后试一块烧得不太老的红砖。有的练习10天左右即能断砖，有的则需更长时间才能断砖，都属正常范围，切不可性急过早试劈而受伤停功。

阅读链接

　　除外家拳派，不少内家门派如形意、八卦掌、峨眉等也有铁砂掌法流传。事实证明，不论修炼外家还是内家拳术，练习铁砂掌之类的功夫，对技击水平的提高也是很有好处的。

　　但铁砂掌不可乱用，历代祖师告诫：盖此种手法，着人肌肤，轻者伤，重则亡，且非秘方不治，是故非至万不得已时，方可用以护命。总之，习此功夫，须有保存国粹之志，勿存恃强凌弱之心。

# 以道入武的武当派掌法

在以道家武术为主的武当内家功夫中，掌法尤为突出，最著名的如太乙玄阴掌和太乙八门掌法。武当青虚派绝技太乙玄阴掌，又名"玄阴神掌"，乃内家青虚派开山祖师、被后世尊为"洞虚真人"的陈道益集内外家之长，尽心悟创的结晶。

■武当玄阴掌

玄阴神掌为武当派绝学，历来为掌门弟子所独有，代代单传，外人难得一窥其奥。此功内外兼修，阴阳并蓄，既有强身健体之效，又有防身技击之用。修炼玄阴神掌有成者，双掌极具威力，轻施可发功疗疾，救人于危难之间；重发能开砖断石，伤人于无形之中。

历代祖师告诫传人们：凡被玄阴掌击中者，初时唯觉疼痛，数月后被击部位呈现朱红色掌印，阴寒之气直透脏腑，寒气

■ 太乙八门掌法

所至，周身麻木，形神俱损，非用同等功夫，难以解救。故修此功者必以德为先，严守戒规，非遇困而不发，否则必贻害于世，有损武林之德。

玄阴掌以内功为基础，以意行气，以气发力，以内壮助外强；反之元气不足，则易自伤其身，故历代宗师寻找传人均慎之又慎。

至祥道长成为后世全真教龙门青虚派掌门宗师，武医俱佳，以擅长太乙玄阴掌而著称。曾挟技遍游江湖，行医济世，救人无数。

太乙玄阴掌歌诀写道：

**元气** 古代朴素的"元气论"认为"元气"是构成宇宙万物的最本质、最原始的要素，其源头可认为是老子的"道"。按照元气论，万物的产生、灭亡和发展变化都是元气循"道"而运动的结果，气无处不在。

玄阴夺命掌，祖师道益传。

无极站桩功，神思入帝乡。

导引并吐纳，绵绵合太元。

发动迅且猛，神功天下扬。

玄阴神掌的内功练习包括无极式、双龙下海、金刚推山、天王托塔、二郎担山、百川归海等。

玄阴神掌的外功称为"玄阴夺命掌"，先将千层纸或沙袋、麻布固定于墙上，与胸同高。练功者离墙3尺而立，待静调息后运气于掌。在吸气的时候，双臂屈肘立于胸前，掌心相对，掌指向上。

蓄气片刻，引丹田气注入右掌心。喷气发声，口吐"嗨"音，右掌猛然以爆发力向前推击千层纸，掌心向前掌指朝上。同时身体蹲成马步，左掌按于身体左侧，掌心向下，掌指朝前。左手练法同右手，左右手交替练习也可。如反复练习49次。

武当太乙铁松派内容众多，但究其实质来讲可分为4大类，一是内功，包括丹道内功和佛家内功；二是武

■ 武当掌法讲求丹田运气

技；三是丹医药；四是道法。

太乙八门掌法属于太乙门户掌，而太乙门户掌是武当太乙门武技之母式、先锋，故谱文写道："武当派，甚威严，门户乃为至上先。有法参禅无无数，妙途能化无上缘。"

太乙门拳谱以歌而诀，历代相传：

太极两仪诀："两仪诀法本无形，全凭心法任意功。推穿挤按棚捋滚，掌肩肘胯膝足功。练就天里混元气，虚实阴阳刚柔空。掌按八法发十力，三才五行变无穷。"

武当掌法变化多端

三才所居诀："十三式中练三盘，门户五式首列天。抄掌为地人掌撞，天地人法按三才。"

五行变化诀："门户掌，按五行，内降属火镇中宫。横肘属金滚转动，托盘属火化无穷。撩掌属水金钟响，捧日运行挤法强。掌分八法难传授，寄于门户例法中。"

八宫所属："乾宫捽掌坎为撩，艮切震撞巽托史。离火穿掌坤挫掌，兑宫塌掌君记牢。"

九宫图："掌分八法按八门，八法之种功力深。捽掌乾金风扫叶，撩掌坎宫水性纯。艮宫切掌如山倾，撞掌一式同雷震。巽风托掌从地起，中宫离火孔中穿。九宫招摇任中央，挫掌坤土陡发放。兑宫塌掌冷中疾，八法妙意此中藏。"

掌发十干诀："掌发十力合天干，甲乙抽撤顺降还。丙丁崩转炸且猛，戊己劲深属挤按。庚辛惊急弹且涨，壬癸元活滚转力。"

武当掌法招式多样

太乙八门掌法分8路，每一路都自具精妙之处。

第一路为乾宫摔掌，包括单封喉和双封喉；第二路为坎寓撩掌，包括下式单鞭和杨柳穿鱼；第三路为震宫撞掌，包括排山掌、双撞掌和云环双撞掌；第四路为巽宫托掌，包括托刀赴会和夜叉探海；第五路为坤宫挫掌，包括风卷荷叶和背后锁拿；第六路为离寓穿掌，包括腋下穿掌和鲤鱼穿波；第七路为艮宫切掌，又称"二仪岐分"或"太极图式"；第八路为兑宫塌掌，即双塌掌。

掌运乾坤

武林掌法

阅读链接　　　武当掌法主要以太极阴阳、三才、五行、六和、八卦和九宫以及十天干学说为指导，拳谱上称之为"八宫所属、九宫图、掌发十干诀"等。此外还有武当天罡掌法，也系武当秘不外传的上乘绝技，五六年工夫可成就阴阳相兼之劲，举手便可裂金碎石，3米外可制人，还可达到内气外放，外气内收。该功法分六阳式、三阴式，九式练习。

# 刚柔相济的绵掌功夫

明代戚继光《纪效新书》中之《拳经捷要篇》记载，"吕红八下虽刚，未及绵张短打"，其中"绵张"即绵掌。绵掌，也称"连环绵掌"，手法以掌为主，运转舒展如绵，动作连而不断，掌法运行成环，延伸己手，随对方已劲柔化绵时，故名"绵掌"。

连环绵掌

清代嘉庆年间，山西省文水县孝子渠村人左昌德，生于1809年，由于他排行第二，以拳把式闻名"南七北六省"，人们送他个绰号叫"左二把"。

左昌德自幼随父习武，身材魁伟，力气过人，17岁随父到北京西华门外经营车轴生意。时有河北省沧州人外号叫长眉老道的张德茂，其外祖父张景和人称神拳教习，是康熙年间著名拳师。

张德茂见左昌德是个练武的好材料，于是收他为徒，左昌德从此得以接触到武林绝学绵掌功夫。左昌德早晚苦练绵掌，一练就是8年，武功已到炉火纯青的程度，后经长眉道人张德茂介绍到苏州开设玉永镖局，第二年改为昌隆镖局。

■ 连环绵掌动作

从此，左昌德开始了保镖生涯，走遍大江南北，历30余载，其间他的儿子左安民、孙子左秉信都跟随他习武做保镖。当时，山西省灵石县坛镇村的续仁政慕名而来，拜左昌德为师，并随左氏祖孙一同习武做保镖。

山西省平遥县南良庄有个叫王正卿的，也是著名镖师，因失镖找左二把帮忙，遂成八拜之交，王正卿比左昌德大5岁，因此王为兄，左为弟。他们两人经常切磋武功，相互交流。王正卿也练绵掌、潭腿等；左昌德也练习大枪、信拳等，于是后世北京有左家腿、王家枪之说。

同治年间，左氏后人弃镖局生涯归返山西文水故

**文水县** 位于山西省中部，西依吕梁山，东临汾河水。自古就是山西省重要的农业大县，文水历史悠久，民风淳朴，人杰地灵，自春秋建县以来，英雄辈出。一代女皇武则天、宋代名将狄青，少年女英雄刘胡兰都出自文水。

晋中 位于晋中盆地的中部，是一座文化底蕴深厚，发展潜力巨大，古老而活跃的现代化城市。其本身作为中华文明的发祥地之一，商代后期境内就有大小城邑出现，更在春秋时期开始设立县一级行政建制，境内文化及景观旅游资源丰富。晋中是晋商故里，曾经创造过举世瞩目的经济奇迹。

■ 绵掌分为3种套路

里，以教拳为生。山西省文水、汾阳、交城、灵石、平遥、孝义等县市都有习练绵掌功夫者，左氏名震乡里。

后来，续仁政传灵石张家成；王正卿传来平遥的赵珍、庞永康、张育人等；左秉信传给文水县李毓秀、汾阳市李永柱等。李毓秀学成绵掌绝技后，曾参加山西省打擂比武，名扬晋中一带，为左氏绵掌诸弟子中的佼佼者。

之后，有严玉清10岁拜山西省吕梁市著名拳师刘理锁学练绵掌，后又从师吕梁医院医师任天山继续练习绵掌、六路潭腿。清代末期，河北河间罗姓将绵掌功夫传入北京，于是绵掌功夫得以名扬天下。

绵掌手法以掌为主，运转舒展如绵，动作连而不断，掌法运行成环，劲力要求内蓄刚劲，外现绵柔，爆发时迅速、快捷，是"顺式门"的代表拳术之一。

绵掌综合了内外家拳术的特点，意外拳内联的形式独具风格，刚柔相济、快而不乱、慢而不断、刚而不犟、柔而不软，既兼太极拳连绵不断之长，又具长拳挺拔大方之美。

绵掌的基本功为"十三太保功"，分蹲式、站式、卧式3段，共13个动作，要求外形动作与内体运气相统一，具有气功特点。

绵掌套路分一、二、三路，以一路为基础，二、三路为一路的发展和变化。另有"连环拳"三路，一、二路又称"二郎拳"，特点是内柔外刚，以爆发劲为主，三路又称"白猿拳"，介于绵掌与二郎拳之间，是刚柔兼备、拳脚并重的拳路。

掌运乾坤

武林掌法

■ 绵掌短促灵便

绵掌拳是一种短促灵便、近战快打的拳术，该拳劲道讲究脆、快、硬，其特点发力迅速，双拳交替快捷，全套一气呵成。绵掌分四折、八手、三十六招，它按照擒拿、格斗的要诀编成，招招进手，必有所获。因此，绵掌练成后，重点在于散手实践，由于绵掌本身手法、身法、步法丰富，可以演变出许多散手招数。

绵掌注重身手合一、以意领先的原则，练起来务求气沉丹田，进则如猛虎扑食，退则如乳燕归巢。绵掌的基本理论称为"八合论"，要求身与心合、心与意合、意与气合、气与力合、背与肩合、肩与肘合、肘与手合、手与脚合。并要求鼻尖、手尖、脚尖之三尖对照。

绵掌作为内外兼修的掌法，讲究"拳禅一体"论，所谓"练拳先要练气、气功乃始终之则，神功为

**擒拿** *武术技法之一类，利用人体关节、穴位和要害部位的弱点，运用杠杆原理与经络学说，采用反关节动作和集中力量攻击对方薄弱之处，使其产生生理上无法抗拒的痛疼反应，达到拿其一处而擒之的效果。*

造诣之精，终以参悟禅机。"气功是功夫的极轨，只有在练好气功的基础上，武功才能亦刚亦柔，变化无穷。

因此，练习绵掌，应从练习气功入手，才能使周身之筋骨灵活、坚实、气血随呼吸循环贯注、如欲运气于指尖、臂、胸肋、腰肾之间，意之所动气即赴之。

绵掌的站桩基本功有调身、调息、调心之要求。站桩调身以马步为先，又名站步。"苟能于马步练得好，则气贯丹田，强若不倒翁。"站桩调息，即专练呼吸之法以增气力，呼吸"肺为气之府，气乃力之君"；站桩调心，大凡人体之气血，行于虚，滞于实，如胡思乱想，气必凝结障害，久之则成病。

之后是踢木桩功，以意领气，以气领力，踹踢地上埋设之木桩或树木，久之腿坚如铁石。练习踢潭腿，共分六路潭腿和左家十路潭腿，都是训练腿功之基本方法。主要有踢、蹬、跺、钩、践、踹、摆、扑、挂等。

历代相传的《绵掌拳谱》中记载：

起着虎步迎面拳，坐山一拳斜门掌，
卷鞭迭肘翻通天，左右卷鞭往前窜。
刁手劈砸穿心拳，翻身金龙合口式，
穿心剪手宣肘起，通天挎打十字腿。

⋯⋯

阅读链接

绵掌除掌法外，还发展出了器械功夫，主要以刀、枪、棍、剑，枪法为主，如"抖大杆子""划大杆子"、扎大枪、一百单八枪、对战大枪、花枪、对花枪、六路"连环大枪"和"小六合枪"等。

武术中运用腿脚的功夫较多，可以举出例子就有十路潭腿、戳脚、翻子拳等。较为擅长躲闪腾挪的北派武术如少林拳等就包含了大量的腿脚动作，如五步拳、八步拳、练步拳、穿步拳、顺步锤、腰步锤、挡步锤、涌步锤、八步锤、乱八步、三步架、五步打、八步转、据子腿、溜脚式、十二步架、六步散手、十字腿拳、溜脚架子、连环鸳鸯步、鹿步梅花桩、八步连环拳、九宫十八腿、少林二十八步，进步鸳鸯连环腿等。

但是万变不离其宗，武术中比较常用的腿脚动作就是踢、踹、截、挂、摆这5种。自然这5种又包含了很多变化。但是无论如何，动作的要领都要求提膝送胯，快打快收，连续不断宛如流水，凶猛有如撞钟。

# 江湖腿法

# 腿法典范代表的潭腿

    公元960年，正是五代十国时期，后周有一名大将军，据说可能是小梁王柴贵，他被周世宗派出征战，统一十国。恰在这时，赵匡胤发动"陈桥兵变"，被拥立为帝，建立北宋。

■ 潭腿重视内功培养

这名将军在征途中得知朝中发生政变，早就厌倦官场的他决定出家，这时他的军队正好赶至山东，于是他带领亲兵来到山东临清，在龙潭寺内削发为僧，法号"昆仑"。

昆仑大师武功高强，他看到当时社会流传的武术多为拳法，而失于腿法，所以创编了一门适应士兵征战、偏重腿功的军旅拳术。因其发源于"龙潭村"，所以被称为"临清潭腿"。

由于昆仑大师出家前爱兵如子，因此他的部下对其非常敬重，在昆仑大师解散了部队之后，不少士兵仍愿意追随他，于是就定居在临清附近。昆仑大师将自己所创的潭腿功夫传授给了这些士兵。

■ 赵匡胤夜谈图

潭腿创建后，立刻在鲁西地区引发了一股"潭腿热"，作为自古便有尚武之风的鲁西地区来说，潭腿的普及相当迅速。

另外，因为靠近大运河，这也使得鲁西地区的武术交流比较发达。很多商人雇了当地的保镖之后乘船沿大运河南下或者北上，这样一来，就把鲁西地区的功夫带到了外地，使得鲁西地区在当时已经俨然有了一种领袖武林的气质。

**皇榜** 一般都是公布国家大事的公告。如皇帝登基，或者皇帝大婚，皇帝立太子，天下大赦之类的。皇榜由翰林院或者礼部写完以后，皇帝盖章，然后发布天下。在各个张贴处，有一个人专门读皇榜。

■ 潭腿套路门派众多

赵匡胤即位后不久，便发下皇榜文书昭告天下，举行全国比武大赛，以选出最好的拳种。结果，昆仑大师的徒弟们以潭腿一举夺得了当时的第一位，成为了"宋朝十八家"之首，并与串拳、大洪拳、小洪拳、华拳和少林拳并称为当时的"六大名门"，使临清潭腿声名大震。

临清潭腿共有10路，包括迎面腿、夹裆腿、里合腿、外援腿、单飞腿、斜飞腿、十字腿、挂肩腿、单潭腿、踩子等。有昆仑大师为临清潭腿所制定下的古传。十路临清潭腿的词谱为：

赵匡胤 （927年—976年），别名香孩儿、赵九重。出生于洛阳夹马营，祖籍河北涿州。军事家，政治家。他结束五代十国战乱局面，建立宋朝，庙号太祖。他在位期间，以文治国，以武安邦，开创了我国的文治盛世，是推动历史发展的杰出人物之一。

昆仑大师开始传，留下潭腿十路拳。

一路顺步单鞭势，二路十字起蹦弹。

三路盖马三锤势，四路斜踢撑抹拦。

五路栽锤分架打，六路勾劈各单展。

七路披掌势双看，八路转环踩子脚。

九路捧锁阴阳掌，十路飞身箭步弹。

……

在以上10种腿法练习有一定基础后，方可练习跳跃和简单的连环腿法。跳跃腿法有二起飞脚、双

飞脚、双飞燕、金鸡蹬、旋风脚、拧旋子、回身摆莲、跃身摆莲、野马奔槽、野马奔蹄。

基本的连环腿法有前后扫堂腿、勾挂腿、回马腿、撩阴腿、风摆荷叶、里合外摆腿、踢弹返身腿、截腿、抹腿箭腿、蹬踹腿、汤莲腿、扁踩腿等。

主要的步法有弓步、马步、丁步、虚步、仆步、歇步、提步、点步、盖步、背步、卧步、登步、跳步、偷步、掏步、挫步、扭步、俏步、摩擦步、玉环步、连环步、龙形步、蛇形步、鹤形步、鸳鸯步等。

以上各种基本功和基本动作学会后可以轮流反复进行练习。潭腿谱中写道："练拳不练腿，终归要后悔"，况且临清潭腿功讲的主要是腿，所以习练本功法一定要把腰腿功夫练好。

在宋代与辽、金的战斗中，潭腿以自己独到的特点，

■ 潭腿有基本的10种腿法

**正黄旗** 清代八旗之一，以旗色纯黄而得名，建于1601年，由皇帝亲自统领。正黄、镶黄和正白旗列为上三旗。兵丁人口最多，八旗制度是满族的社会组织形式，最初具有军事、生产和行政3方面的职能，对早期满族社会经济的发展起到了促进作用。

取得了不凡战绩。当时，辽、金的士兵在徒手状态下更擅长"摔"和"拿"等技巧，这种技巧最适合近身搏斗，而善于利用腿部攻击的潭腿，当时恰恰是克制近身肉搏的最好功夫，于是就成了对抗游牧民族的实战功夫之一。

潭腿克敌制胜，名扬天下，因此在两宋时期，江湖中学习潭腿的人很多。到了明代，潭腿已然发扬光大，朱元璋手下的开国大将常遇春，就是当时的潭腿名家。

■常遇春雕像

在最初的潭腿中，有不少招式都是攻击敌人下肢的，比如膝盖或者脚腕。人的膝盖和脚腕往往是最脆弱的地方，一旦受到重力袭击，就会失去重心平衡。既可以制服敌人，又可以不伤其性命。

明代正德年间，河南嵩山少林寺的相济禅师拜访了临清龙潭寺。相济禅师的武功很不错，尤其擅长少林寺的绝学罗汉拳。而他此行前来龙潭寺的目的只有一个，那就是拜会当时龙潭寺的住持、昆仑大师的传人跃空大师。

原来，当年潭腿的创始人昆仑大师在开创潭腿时，只创

■ 潭腿动作

111

横扫千军

江湖腿法

下了10路腿法，经过多年来的广泛传播，潭腿形成了多种流派。原因很简单，每个学会潭腿的人都会闯荡江湖，他们会根据自己的实战经验，对潭腿进行修正，这也就造成了潭腿流派较多。

但是在当时看来，最正宗的潭腿莫过于龙潭寺的潭腿了。

相济禅师很快与跃空大师成了朋友，两人既可以谈禅论佛，又可以切磋武艺。也是在这个时候，相济禅师从跃空大师那里学会了潭腿，而作为交换，相济禅师也将自己的绝学罗汉拳教给了跃空大师。

后来两位大师在切磋过程中，又对潭腿进行了改进，尤其是作为相济禅师来说，他在原有的10路潭腿基础上，又融合了少林的内功，重新为潭腿加了两路，这也就是"十二路潭腿"的由来。

而学会了罗汉拳的跃空大师，也将罗汉拳的拳法，融汇到了潭腿中，以此来弥补潭腿在拳掌功夫方面的不足。相济禅师回到少林后，将潭腿功夫传之少林武僧，少林寺后人又将潭腿的拳架加以改动并添增两路，故称"少林潭腿"。

霍元甲（1868年—1910年），清代末期著名爱国武术家，武艺出众，又主持正义，继承家传"迷踪拳"绝技，先后在天津和上海威震西洋大力士，是一位家喻户晓的民族英雄，他的一生虽然短暂，但却轰轰烈烈，充满传奇色彩。

少林潭腿为"头路出马一条鞭，二路十字鬼扯钻，三路劈砸车轮势，四路斜踢撑抹拦，五路狮子双戏水，六路勾劈扭单鞭，七路凤凰双展翅，八路转金凳朝天，九路擒龙夺玉带，十路喜鹊登梅尖，十一路风摆荷叶腿，十二路鸳鸯巧连环"。

清代末期，临清潭腿名家贺子琴先生与其师弟张木连先生在北京德胜门外石佛寺设馆授艺，所传弟子及后代传人，有成就者甚多。潭腿遂在北京广为传习。贺子琴先生所传弟子有金启亮、英启等人。

金启亮原名爱新觉罗·王福，号"余一"，满族正黄旗。师承贺子琴，精通拳械，尤擅临清潭腿功法。不但能用双脚踢人面部，而且能用脚尖踢漏一寸厚的松木板，武林界人士誉为"潭腿金"。英启的弟子洪连顺，曾任国民二十九军大刀队教官。张木连的弟子何德全，又称"双枪何"，曾在南京国术大赛中获双枪冠军，并得花梨木杆银枪头的双枪奖励。由此，潭腿得以发扬光大。

除临清、少林等代表之外，典型的潭腿功夫还有教门潭腿、精武潭腿和通臂潭腿等。

■ 十二路潭腿

■ 潭腿动作雕塑

　　教门潭腿相传是由昆仑大师晚年所传的清真教回族传人发展而来，故又称"教门潭腿"。在练法上中盘腿法稍有变动，出式为汤瓶式，发腿与裆平。

　　其套路为："头路冲扫似扁担，二路十字巧拉钻，三路劈砸倒拽犁，四路撑滑步要偏，五路招架等来意，六路进取左右连，七路盖抹七星式，八路碰锁踩转环，九路分中掏心腿，十路叉花如箭弹。"

　　精武潭腿是清代末期大侠霍元甲精武体育会传统功法，其套路为："头路弓步冲拳一条鞭，二路左右十字蹦脚尖，三路翻身盖打劈砸式，四路撑扎穿撩把腿弹，五路护头架打掏心拳，六路仆步双展使连环，七路单展贯耳脚来踢，八路蒙头护裆踹两边，九路腰间碰锁分两掌，十路空中箭弹飞天边，十一路勾挂连环机巧妙，十二路披身伏虎反华山。"

　　通臂潭腿源自清代河北沧州一带通臂门的基础功法，将通臂拳法

中的单劈手招式融进，使之在操肩、操腰方面有独到之处。

其套路为："头路顺步似单鞭，二路十字蹦脚尖，三路滚劈贯上下，四路绷点撑抹剪，五路绷拳滚肘势，六路抹打摘心拳，七路缠拦连环腿，八路劈挂迎门箭，九路绷锁穿胸脏，十路跃步飞箭弹。"

各路潭腿法均讲究内外两功同行，拳腿并用。潭腿不过膝，即七寸弹法。要求二目平视，舌尖微舔上腭，津液下咽，气沉丹田。呼吸从鼻孔，含虚抱气，不令气散，用意但不用力。

潭腿功在于内，形领于外，滋精育气，气意相融。讲的是伸缩吞吐之功，抑扬顿挫之法。单腰摇曳，身法传神。刚柔互用，弹韧相兼，威而不猛，柔而有力。并要步法快、巧、稳。

潭腿身动似槐虫，身活似龙形，闪如轻风退拔刀，蹿高纵远似狸猫。步法似蛇形，行走似猫行，抬腿如风，落地如针，拳似流星眼似电，腰似蛇形腿似钻。

潭腿重点则在内功功力上的培养与发挥，强调威则能动，逼则能用，以简克繁，以逸待劳，变无形象，攻缺击要，巧打击梢，出奇制胜。潭腿充分利用腿长、力大的特点，讲究"拳三腿七"和"拳是两扇门，全凭腿打人"。

潭腿套路，朴实工整左右对称，讲究压则缩、放则伸的弹射之力。压力越大，伸放越快，坚而韧、软而柔、刚柔相济。因此，注重伸舒展放，收缩紧压的练习，功在于内，形领于外，含虚抱气，气意相融，单腰摇曳，身法传神，威而不猛，柔而有力，讲的是伸缩吞吐之功，抑扬顿挫之法，达到拉长韧带，灵活关节，贯通气力的效能。

潭腿在演练时讲究低盘下势，对肩、腰、胯等部位的支撑力和运动力要求很高，尤其是要求下盘需稳健有力，因此，非常注重桩功的练习。其桩法有单鞭桩、担山桩、三合桩、伏龙桩、伏虎桩、混元桩、对门桩、双掖桩、四平桩、七星桩等十余种，以定架稳势、调练气息、培养内功、修炼真气为主。

**阅读链接**

潭腿训练中，弹起腿由屈到伸向前弹出，膝部挺直，脚面绷平，小腿轻快有力，力达脚尖。下盘腿法也称"寸腿"，高不过膝，低不过寸，站立腿微曲，身稳如山，出腿如箭；中盘腿与腰相平，支撑腿直立或稍屈；上盘腿法即腾空箭弹。

潭腿以腿功见长还表现在远打、近打、贴打、靠打、进打、退打、高打、低打8个方面，根据需要，灵活运用，而且要进步快、退步速，缩得稳、站得牢。

# 北腿之杰番子拳与戳脚

■武松雕塑

番子拳是中华武术宝库中的一个历史悠久的优秀拳种，流传于西北地区。在明代称为"八闪番子"，后俗称"番子拳"。

"番"字依《说文解字》为"兽足"之意；《集韵》释谓"数"。而《尔雅释训》称：勇。因此，"番"字即有勇武和重复、连续之意。番子拳即为勇武之拳术，拳法密聚连环，技法变化番生不息。

八闪番和后代繁衍出的各番子流派，没有"有上而无下，有下而无上"的弊病，均采用"上而翻下，下而翻上，首尾相顾，前后兼施"的翻转技法和"前、后、左、右、上、下、中、双"的8种技法。

因此有时"番"与"翻"通用，番子拳称作"八闪番"的拳名，就是它有"八个闪翻"的技法特点而定名的。

1813年，有义军将领冯克善、杨景、唐有交等人投奔河北饶阳段君道村的段绪和。冯克善精通番子拳技法，并兼会其他武术技艺，对武艺研究至深至奥，已达升华脱俗之境。

■ 番子拳

而段绪和之子弟与赵段庄刘洛尚及刘氏子弟精通北方戳脚，他们又与蠡县北绪口的番子拳名家王老禅及其子"铁胳膊"王占鳌相好。因此冯克善在段家、刘家、王家的子弟中传授番子拳。

戳脚是北方一种以腿脚功夫为主的拳术，又名"九番御步鸳鸯勾挂连环悬空戳脚"，相传起源于宋代，有"北腿之杰"之称。梁山好汉武松醉打蒋门神时，就使用了戳脚里的玉环步、鸳鸯脚。

"戳脚"据说来源于枪术中刺、扎技法的灵变进击，以应腿功巧而起名。"脚"是腿的代名词，因此"戳脚"即是腿技中的枪法。

戳脚首见于史料也是戚继光所著《纪效新书·拳

武松 是我国古典小说《水浒传》中的主要人物之一，神武非凡，他曾经在景阳冈上空手打死一只吊睛白额虎，他急侠好义、刚猛不屈、敢作敢当、疾恶如仇，正义、勇敢，恩怨分明，知恩图报，不向恶势力低头。其中敢作敢当是武松这个人最大的人物性格特点。

经捷要》记载：

> 腿可飞腾，而其妙也：颠翻倒插，而其猛也……吕红八
> 下虽刚，未及绵张短打。山东李半天之腿……

戳脚以腿见长，主要腿法有踢、撩、飘、点、见端等。又十分强调手脚并用的技击方法，拳谚说："手是两扇门，全靠腿打人"，"手打三分，脚踢七分"。

在身法上要求中正，灵活，主宰于腰，宾辅肩胯。出手由脊发，出脚从臀输，两者均借以腰隙肩胯，又常与地趟动作相配合。拳法有"八根""九枝"两派。"八根"多下盘腿法，"九枝"多上盘腿法。一步一腿，一步一脚，连环踢打，手脚并用。

自清代末期，北方尤其在河北中部一带习戳脚者盛行，曾有"山东查""直隶戳"之称，更有"南拳北腿"之说，故戳脚被誉为北腿的代表拳种。

当时，刘洛尚3个儿子刘攀贵、刘观澜、刘贵馨，三兄弟都跟随冯克善习武，同时习武还有蠡县齐家庄魏昌义、南留史镇魏洛芳等人。由于段绪和、刘洛尚、王占鳌三家来往甚密，因此后继之人多兼会戳脚、番子两门技艺。

当时最杰出的是许兆熊，许兆熊字敬禅，早年就投师于段氏门下，在段氏殿字辈兄弟五人的共同传授下潜心习武。段氏兄弟见许兆熊为人宽厚谦虚，恪守武道，品德端正，于是将戳脚技艺尽心传授于他。

许兆熊又经恩师引荐给王占鳌，精化了戳脚、番子拳术。许兆熊后又将毕生所学传授给入室弟子郝鸣久和胡奉三等人。

许兆熊后来还结识了山东烟台武术家程福，程福精通螳螂拳，双方相得益彰，程福之子程庆春尽得其父精髓，对螳螂、戳脚、番子拳的拳理理解深刻，提炼出九字螳螂。

胡奉三 （1852年—1942年），先后学过少林、迷踪、武当、形意等多种拳术，功底深厚。一生对武术的追求如醉如痴，青年时，四处寻师访友，将40亩地兑掉，只身前往河北段家，学习短踢及戳脚，成为东北地区戳脚的代表人物。

■ 番子拳动作

后来，程庆春、郝鸣久、胡奉三和东北武师贵印春同到奉天即今沈阳任教，与当时在沈阳供职的劈挂拳、八极拳名师马凤图结为知己。马凤图终将番子拳发扬光大，成为一代宗师。

马凤图，1886年生于河北沧州孟村，少年时拜武术大师、河北盐山县黄龙潭人黄林彪为师，尽得劈挂拳术真传。对于劈挂的拳、械、规、法掌握得非常系统，并研究很深。尤其在攻防技击和身法演练上，马凤图更是练得出神入化、超凡脱俗。

但马凤图并不满足，为了博采众长他又投师于沧州孟村吴家学习八极拳。由于他求学真诚，待人宽厚，深得师辈的赏识，所以深得八极门拳械奥妙。

虽然，马凤图在功成名就供职为官，但仍然遍访国内武术名家，拜师结友，学诸家之长处，取众师之精华，兼容并包，融会贯通，自成体系，独创一家。

马凤图此时与程庆春、郝鸣久、胡奉三等名家朝夕研习，交流他们对番子、戳脚、螳螂、劈挂、八极等技艺的心得体会。

马凤图经过数年的潜心研究，在番子拳的套路中融入劈挂、戳脚、螳螂、八极等拳种之长，并整理出健宗番和一字番等套路，丰富了番子拳的技法内容，完善了站桩番、捋手番、擒手番、戳脚番、波

■番子和戳脚融合威力巨大

北京先农坛内的
五色土

浪番、一字番等。

一改原番子拳套路简短、劲力迟滞、腿少手短的弱点，而且发展成为兼具戳脚灵活多变的腿法、螳螂敏捷、凶悍的手法和劈挂拳劲力贯穿的身法，使其成为中华武苑的一枝奇葩。

郝鸣久的传人中著名的是于伯谦，他对戳脚、番子等诸拳术有着极其高深的造诣，在原有的技艺上更深一层发展，同时也培养了不少人才，在东北地区很有名望。

将番子和戳脚融合而著名者，还有河北蠡县齐庄人吴斌楼。吴斌楼，生于1898年，自幼拜曾随获清代皇室"御番子"封号的铁腿魏赞魁学武10余年，尤以"戳脚番子"声噪乡里。

1915年春，17岁的吴斌楼到北京谋生，先农坛有一道士以同乡身份向镖局保荐了吴斌楼，3天后，吴斌楼充任大镖头带着两名镖师，押送着两车装满贵重玉器的镖车启程。吴斌楼走镖成功，还以其鞭里加

**先农坛** 远古称"帝社""王社"，至汉代时始称"先农"。魏时，先农为"风伯、雨师、灵星、先农、社、稷"六神之一。天祭先农，唐代前为帝社，祭坛称"籍田坛"，后改为"先农坛"。至此祭祀先农正式定为一种礼制，每年开春，皇帝亲领文武百官行籍田礼于先农坛。

练拳脚的人

力招法，在途中"以武会友"中一举荣获"长鞭吴斌楼"的美誉。

吴斌楼还不到30岁就以精湛的技击、独特的戳脚番子风格蜚声武林了。

1935年，在中山公园五色土演武会上，吴斌楼同当时的恒寿山、赵鑫渊、刘德胜、刘月亭、王荣标、尚云详等老武术家一起，被授予了"十老武术家"的荣誉称号。

同年秋，吴斌楼在南京遇见了湖北姚志广，姚志广是戳脚番子的嫡系传人，河北魏家戳脚番子就是姚志广的祖先姚振芳传授的。吴斌楼与姚志广素昧平生，相见之后，当时已有名气的吴斌楼不耻下问，并会同姚志广将河北失传的十八趟燕青番子按老谱整理出来。

吴斌楼很早就创办了艺术国术研究社，授徒习武，传播中华武术，他一再教导弟子要讲究武德，他指出武德中最重要的是谦虚谨慎，不骄不躁，抛弃门户之见。他教导弟子要"以武会友"。在不改变本门特长、本门风格的前提下，对别人、别门的长处要"张开大嘴吸收过来"。

吴斌楼还认为："东西再好，没有功夫不行。"他反对迷信名拳，认为关键靠练。他反对迷信名师。

他说，"名师出高徒"固然存在，但更多的是"有状元徒弟，没有状元师父"。

在教授弟子的过程中，他将自己所学、所悟的拳理，直接无保留

南拳北腿

武术种类与文化内涵

地奉献出来。

吴斌楼所传番子拳的特点，动作紧凑、迅捷、多变、发力充实、干净利落、刚柔相济。因其翻手动作多，故又名"翻子"。

而吴斌楼所传戳脚多是缀子腿、后蹬腿、后踢腿、点腿、寸腿、空中摆莲腿等，以高低仰俯折叠、前后拧转回环、上下翻腾起伏、横斜插拦闪击为中心，以腿臂纵横交织，连环进击，如同两臂一样运用自如的腿功技击方法。

常言道："手是两扇门，全凭脚打人"，两者合起来就叫戳脚番子。同时，吴斌楼又完善了戳脚番子的底盘功夫，即以地趟拳连环十八为主的跌扑套路。如仙人床、摔碑、栽碑，极大地丰富了戳脚番子门的内容。

吴斌楼在丰富拳术套路的同时，又发展了戳脚番子门的器械套路，其所独有的是：地趟滚龙刀、双头蛇、拦面叟、鸡爪钩、牛头大镗和双镗、分水峨眉刺、鸳鸯盆、判官笔、龙头杆棒、虎尾鞭等。

刘观澜曾在东北沈阳、长春、哈尔滨等地传授戳脚、番子。魏昌义、王占鳌、徐兆熊、魏赞奎、王洛仓、吴振堂等为镖师，来往于东北三省以及河南、陕西、山西等省，都有传授，至吴斌楼之时，番子拳和戳脚广泛流传于北方。

阅读链接

番子拳属于武术中短打类的拳术，番子拳法密聚多变，技法迅速连环，有道是"脆如斩钉截铁，快似利箭穿革，硬如重锤击石，弹如强弓满月"。在河北、京津一带传习的还有六手番、燕青番、鹰爪番等。

番子拳双拳密集如雨，架势俯伏闪动，动作一气呵成，所以拳谚称"番子一挂鞭"。番子拳又与戳脚、劈挂相配为伍，因此也追求吞吐发力、辘轳反扯和搅靠劈重的劲道。

# 大侠杜心武神腿震八方

　　湖南西部偏北的地方，有个慈利县。县西北角，山岳重重，陡峭险峻。在那深山幽谷之中，有一处不大的村落叫岩板田村。1869年，村里杜姓人家出生了一个男娃，取名杜心武。杜心武的家乡位于湘黔川交界，杂居着苗、瑶、土家、汉等几个民族。自古以来，山民强悍勇猛，大家为了自卫，也都舞刀练拳，因此，当地习武之风大盛。

　　杜心武出生不久，他的父亲即去世，全靠寡母抚养他。他从小聪明过人，喜读诗书，又爱弄拳棍，甚为其母疼爱。6岁时他进了附近的私塾。读书之余，就跟随大人一起练

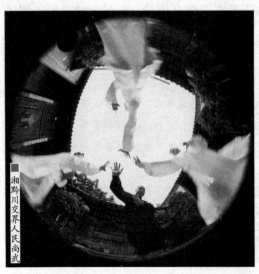

湘黔川交界人民尚武

■ 少林拳表演

拳踢腿。

　　9岁那年，杜心武巧遇临村一个武功高深的老人严克，他在严克家学了一年多，文武均有长进，同邻人试手，没有能敌得过他的。

　　严克老师病逝后，杜心武仍然没有中断练功。到13岁时，他的技艺在地方上已出类拔萃的了。可是他并不以此为满足，想继续求师深造。于是，他四处悬榜请师，在各乡镇集市上张贴。言明"凡能胜我者，即拜他为良师受教……"。

　　榜文贴出之后，不少拳师应招而至，但各乡镇的拳师，都不是杜心武的对手。这样一来，附近拳师全知道杜心武的厉害了，不敢再来揭榜。

　　隔了一段时间，有一个从河南来的王拳师，他的

**土家族** 我国少数民族之一，湖南湘西，张家界市以及湖北省恩施、宜昌市的五峰、长阳，渝东南，黔东北的土家族北支自称"毕兹卡、毕基卡、密基卡等"。南支土家族仅分布于湖南湘西泸溪县内的几个村落，自称"孟兹"。

**五战拳** 是流行于黄河流域一带的北派拳法，包括大战、短战、十字战、脱战、合战。其中脱战包含有切掌、劈掌、脱肘、踢腿、提腿、勾抓、仆腿、箭步等的练法，是练习少林五战的初阶。合战则是最深奥、最难练的拳套之一。

■ 腿功训练

拳术是从嵩山少林寺学来的，确实有些真功夫，他见杜心武不是那种无赖劣童，便表演了少林寺传统套路中的五战拳。表演完毕，杜心武肃然起敬。

王拳师说："听说你的腿功很厉害，我倒想到一个人来，此人姓徐，叫徐矮子，他是江南怪杰，本领非常，不可坐失良机。你若拜他为师，今后武功不可限量……"

半年后，王拳师果然将那位怪杰给介绍来了。他带着王拳师的书信找到杜心武时，杜心武吃了一惊，想不到所谓怪杰，竟是一个普通的矮人，内心很是疑惑。

这年杜心武满14岁，为了尊重王拳师，只得勉强留徐矮子住下，但过了几天，仍不见徐矮子有什么动静。杜心武想起王拳师的嘱咐："千万不要怠慢他，免得坐失良机"。

半个月后，也不见徐矮子赐教，杜心武又不便催问，只好自己每天操练，徐矮子坐在门槛上抽烟，似看非看，一言不发。

如此过了半年。杜心武不知他葫芦里面卖的是什么药。一天，杜心武突然朝徐矮子跪下叩头，哀求道："师父！您老人家可怜可怜我吧！我只求您老教我一点点拳法，稍有进益，我将终身铭感不忘！"

徐矮子示意杜心武起来，然后敲敲烟袋说："就先教你练练自然门的内圈法吧！"

开始时，杜心武练平地圆形走，练步走，慢慢加快，接下来是在地上打一些梅花桩，并在腿上各捆一个10斤重的沙袋，踩桩成圆形走圈子、练身法。单是绕圆形走这一动作，就练了3个月，沙袋也各加重至20斤。杜心武觉得以意用气，以气发力，有明显收效。

■ 腿功招式

之后，杜心武按照徐矮子指点，连饮食都严加控制，他冬练三九，夏练三伏，注意手、眼、步法、身法，兼练踢、蹬、扫、弹、踩、踹，越练越心领神会。

腿功基本练成后，杜心武又跟着徐矮子饱览了祖国山川名胜，他拜访了一些武术名家，大长见识，受益匪浅。

一天，徐矮子唤过杜心武，语重心长地说："心武，你的功夫日趋成熟，一个人可以闯天下了，望你做人光明磊落，严守武德，遇事要三思而后行……"

徐矮子对杜心武谆谆教诲了一番，就告别而去。

镖局 古代受人钱财，凭借武功，专门为人保护财物或保障人身安全的机构，又称"镖行"。旧时交通不便，客旅艰辛不安全，保镖行业便应运而生，镖局亦随之成立。镖局都有自己的镖旗、镖号。

**刀耕火种** 新石器时代残留的农业经营方式。又称"迁移农业"，为原始生荒耕作制。先以石斧，后来用铁斧砍伐地面上的树木等枯根朽茎，草木晒干后用火焚烧。经过火烧的土地变得松软，不翻地，利用地表草木灰作肥料，播种后不再施肥，一般种一年后易地而种。

■ 腿法练习

杜心武对师父难舍难分，不禁伤心地落下泪来。

杜心武一个人漂泊异乡，人地生疏，加之盘缠用完，心里有些恐慌。他感到自己别无其他技能，唯武术不弱，便前去镖局自荐。

到了镖局，杜心武见镖局头儿有意怠慢，瞧他不起，就当即表示说："我们可以试试手再说！"

于是，两人摆开架势较量。杜心武一拱手说："请多指教。"话音未落，屈身一个"横空出世"，把镖局头儿扫倒在地。镖局头儿迅速翻跳起来，还未及站稳，又被杜心武钩翻在地。

这一连串动作迅疾灵活，干脆利落。镖局的头儿坐在地上慌忙叫道："神腿！神腿！硬是要得，硬是要得。"

就这样，年轻的杜心武在四川镖局当起了镖师。但杜心武本是个有抱负、有志向的青年，他痛感到自己在江湖上保镖玩命，实在难以干出一番事业，因此干了一段时间后，他就决定辞去保镖之职，回慈利老家。

杜心武回乡后，闭门谢客，孜孜不倦地埋头读书。当时一些留洋学生回来后，多谈国外如何开化，如何先进，激起了杜心武留学的愿望。

1900年，杜心武从上海赴日本留学。到达日本后，他考进了西京帝国大学，专攻农科。他选学农业，是为了改变自己家乡刀耕火种式的落后的农业生产方式。

　　当时，日本学生中有少数人看不起我国的留学生，不时地出现歧视我国留学生的事件，这激起杜心武强烈的民族义愤。

　　有一次，一群日本学生在操场里玩球，一只球滚到了坐在操场外看书的一位我国留学生的身边，一个日本学生在老远就指着他喊："八嘎，还不赶快捡起来！"

　　那位中国留学生没有理睬。几名日本学生气急败坏地跑过来，有的抢过他的书扔到地上，有的按他的头……杜心武见到这一切，积郁已久的怒火一触即燃，他跑上前去，拨开众人，大吼道："不可欺人太甚！有种的吃我一腿！"

中国腿法博大精深

　　有个形如"金刚"的日本学生，见杜心武瘦小的个子，根本没把他放在眼里，站出来指着杜心武说："你那支猪腿，送到烤肉店去吧！哈哈……"周围的日本学生发出一阵哄笑。

　　杜心武忍无可忍，顾不上打招呼，瞄准他就是一腿，"金刚"汉腾空倒扑在草地上，"哇啦哇啦"怪叫，10多个日本学生一拥而上，杜心武被围在中间。只见他沉肩扣足，动作迅猛，腿扫如飞，打得10多个日本学生滚的滚，爬的爬，纷纷呼救、讨饶。

■ 武术训练

在此不远处,一位日本体育教师目睹了事件的全过程,他走上前来,没有偏袒日本学生,而是痛责了他们的恶劣行为。之后,他拍了拍杜心武的胸脯说:"路见不平,见义勇为,好汉的,腿法大大的好!"

1905年秋,孙中山在日本组织同盟会。杜心武与湖南桃源人宋教仁既是留日同学又是同乡,两人交谊深厚,经宋教仁的介绍,杜心武加入了同盟会,并与长沙的王润生肩负起保卫孙中山的重任。在一次次行动中,他以超凡的腿功屡屡立功,并名扬东瀛。

留学回国后,杜心武来到了北京,在农业传习所担任气象学教授,在北京期间他先后收了几名徒弟。第一个便是农大毕业的万籁声。

万籁声早从一些留日归来的学生那里,听到关于杜心武在日本的传闻。他第一次慕名去拜访杜心武时,只见杜心武是个中等个子,身体单单瘦瘦,不禁暗中猜疑:"传闻毕竟是传闻。"寒暄一阵后,万籁声便对杜心武说:"我想和您老试试手,不知先生意下如何?"

杜心武谦逊地说:"我许久没有练武了,恐怕手脚疏松,试试也可,顶不得真的。"

两人站好,相互抱拳施礼,杜心武跨弓步两手夹肋提气运意。万籁声见杜心武此刻神态与刚才迥

■ 拳术表演

然，两眼光亮照人，在提气时，身上的衣服像有一股风吹起，这是内气发出运至外功。

万籁声不禁骇然，他收起架势，恭恭敬敬地拜杜心武为师。杜心武见万籁声诚心学艺，也就收下了他。万籁声原来武术就很有基础，自跟杜心武学艺后，如虎添翼，在杭州比武曾获冠军，成为全国有名的武术家。

不久，又来了一个投师的青年叫郭岐凤。郭岐凤从小习武，有10多年的武功底子，是宋氏武当剑传人李景林的师弟。他听说杜心武威震扶桑和上海，专程前来拜见。

杜心武想测试一下他的功夫深浅，说："你先表演一套拳路给我看看。"

郭岐凤性格耿直，不懂客套。马上将衣服一脱，光着膀子，在院子里打起拳来。一路拳打完，尘土飞扬，凡脚蹬踩过的地方都陷了进去，将一个平平坦坦的院子弄得坑坑洼洼。

**李景林**（1885年—？），河北枣强人。幼承父艺，从学技击，在家乡习燕青门及二郎门等武术。少年入奉天的"育字军"。因他聪颖及武术基础好，受到军中"管带"、武当丹派剑侠宋唯一的喜爱，对李景林单传密授武当剑法。后又于塞外得皖北异人陈世钧授以剑术。

■拳术雕刻

杜心武会意地笑了笑，却不赞一词。

郭岐凤抹去额头的汗，心中很不自在，他对杜心武说："先生有何见教，学生愿意领受。"

杜心武指着坑坑洼洼的院子说："打得嘛，不算坏。可惜把我的院子给弄遭殃了。"

郭岐凤忙说："您别急，我去拿铲子来弄平。"

杜心武拦住他，走上坪中左一脚刮，右一脚铲，一会儿院子便又平平坦坦了。

郭岐凤走到杜心武刮铲过的地方，用脚一蹬，坚如磐石！他就势跪在地上说："吾师神腿，名不虚传。"

阅读链接

　　杜心武是我国武术一代宗师，有"神腿"美誉，他常常鼓励别人坚持锻炼。他常说："武术起源于生活，发端于战争。"我国武术是最早科学地掌握强身延年奥妙的一种体育运动形式。在历代发展中，流派众多，各有特点，是研究古代文明的国宝。懂得强身之道，国家肯定富强昌盛。

# 神奇腿法展现无敌功夫

　　武林中一直有"南拳北腿"之说，其实各种武术都是拳、脚结合的，如果分别起来，以腿法见长的武术种类主要有潭腿、暗腿、踔腿、截腿、连腿、戳脚、半步拳、半步崩拳、五步拳、八步拳、练步拳、穿步拳、顺步锤、腰步锤、挡步锤、涌步锤、八步锤、乱八步、三步架、五步打、八步转、掘子腿、溜脚式、十二步架、六步散手、十字腿拳、溜脚架子、连环鸳鸯步、鹿步梅花桩、八步连环拳、九宫十八腿、少林二十八步、进步鸳鸯连环腿等。

■ 暗腿讲究步法配合

暗腿尤其能展现八卦掌用腿的特点，是以手和身掩护用，再加上不停地走转，用时出腿不见腿，远不发腿，腿不空出，因此称其为暗腿。

暗腿在使用时不是一腿一式、一腿一法，而是在走转和技击过程中节节相随，在手法、身法、步法的配合下，几种腿法连贯进行。

踔腿功属于少林金刚门之外练硬功型技艺，他练的是阳刚之劲，不需要配合内功修炼，是一种简单、易学、易练、易用的腿功，只要肯下苦功，就能练成。少林踔腿功酷似足射功，但比足射功更完善、更科学，是一种隐蔽性十分强的低腿、暗腿技法，适宜在实战中使用。

■ 截腿雕塑

截腿是自然门中的主要腿法，它与自然门内圈手血脉相连，环环相扣。功成以气催力，运用自如，为随机随势的搏击打下坚实基础。主要包括怀抱太极、鬼头探路、无常勾魂、折桩断柱、斩妖降魔、横扫千军等。

怀抱太极为起式，两脚分开与肩同宽，两手自然下垂，两手自体侧怀抱胸腹变成圆状，两手心向内，十指相对。练习要领是舌抵上腭，在两手怀抱时均匀吸气入下丹田，并意念两手似抱一圆球，有下沉感。

■ 截腿招式奇特

　　鬼头探路为左脚上前一步成弓箭步，同时左手变拳向上、向前向下绕至下压，右手变鬼头指向下、向里、向上，再向前弹点而出。当对方以左拳击我前胸或头部时，先以右手圈压对方左拳，同时左手以鬼头指用弹劲弹点对方印堂或人中等要穴处。

　　无常勾魂则是右脚上前一大步，同时左手向下、向左、向上，再向右向下圈压，右手直接以鬼头指向右、向上、向左，环形叩击。意念前面有座大山，一脚将整座大山踢倒。学者久练之，则腿力大增。要领是蹬腿、送胯、转腰、顺肩要同时发动，协调一致，形成一股强大的螺旋力。

　　折桩断柱为左手阴右手阳，两手同时向右向前，再向左下方环形运动，与此同时，左脚提起，脚尖上勾，以脚底后半部为力点向前下蹲，离地7寸，同时意念身体膨胀如金刚巨人，力大无比，全身刀枪不入，一脚将地跺个洞。

　　斩妖降魔是右脚垫步，左脚提起，右腿屈膝全

**人中** 位于人体鼻唇沟的中点，是一个重要的急救穴位。位于上嘴唇沟的上三分之一与下三分之二交界处，为急救昏厥要穴。主治癫痫症、中风昏迷、小儿惊风、面肿、腰背强痛等症。

蹲，左脚以脚外侧为力点，离地一寸向前铲出，同时意念千斤巨石从天而降，一块块地打在脚上，而脚坚硬无比，巨石全部打碎，而脚却丝毫无损，然后左右交换练习。

横扫千军为一腿压膝全蹲，一腿伸直踩平，双手扶地，以腰为轴向后反扬一周，同时意念双手坚硬无比，插入地面一尺深。

腿技在实战搏击中是重磅杀伤性武器，兼容长度、力度、硬度为一体，可攻可守，功用全面，内容丰富，其中既有凌空飞腿，又有地躺奇腿，还有站立快腿，彼此相互组合连环踢出，足可使对手眼花缭乱，屡尝败果。难怪拳语有"腿踢连环无人抵"之说。由此也成就了连环腿这一独立命名的腿法。

但是在使用连环腿时，并不是一味盲目连踢，而是有要求的，甄别连环腿是否优佳，应具备以下几点：一是腿技连环要求通顺自然，不顶劲，不失平衡；二是要适合实用原则，腿连环符合实战规律，同时踢出效果也是最好；三是要求起腿如风，落腿如钉，劲力遒实，准确劲猛。

南拳北腿

武术种类与文化内涵

■ 连环腿自然通顺

连环腿技法主要包括潭腿加凌空潭腿、外摆腿加下劈腿加凌空摆腿、里合腿加后撩腿、低边腿加侧蹦腿加高边腿以及下劈腿加前扫腿加后扫腿的综合应用。

五步拳是查拳入门拳套，包含了武术中最基本的弓、马、仆、虚、歇5种步型和拳、掌、勾3种手型及上步、退步步法和搂手、冲拳、按掌、穿掌、挑掌、架打、盖打等手法。

■ 十字腿源于太极

通过五步拳的练习可以增进身体的协调能力，掌握动作与动作之间的衔接要领，提高动作质量。

清代末期，云和著名拳师李春贤，师从奇人凤阳婆和南少林高僧陈德标，在传承发展中巧妙整合而独创八步拳，因主要步法"丁八步"而得名，拳术要诀为"拳术要名丁八步，练功需防上下门，拿中要穴定时血，九技十全防打身"，以步法腿法来增强自身的功力。

十字腿拳是后世新派太极拳中的一门拳法。谱诀是："十字腿法昨非今，不是弄错为改进；上行下打无偏废，徒具虚名更流行。"

十字腿的技术要领是身体右转、左脚里扣要注意两点。其一是左腿应实腿辗转，重心不可右移。因十

**丁八步** 也叫"不丁不八步"，一脚脚尖向前，是丁步的一半；另一脚的脚尖与向前的脚尖方向呈"外八字"状，又是外八字步的一部分，还有个好听的名字叫"威震八方步"。这样的步法可以进退自如，而且活动的空间也比纯马步、丁字步大得多，是以取名"威震八方"。

**九宫** 是将天宫以井字划分乾宫、坎宫、艮宫、震宫、中宫、巽宫、离宫、坤宫、兑宫9个等份，在晚间从地上观天的七曜与星宿移动，可知方向及季节等资讯。后广泛应用于武术、音乐、奇门遁甲和算术中。

字腿是应身后攻击法；其二是上体不可前俯后仰，做到头容平正，中轴不歪，神贯于顶，提挈全身，立如平准，保证肢体活如车轮般不晃地转动。如此方能支撑八面而稳固厚重，八面转换而轻灵圆活。

鹿步梅花桩，又名"梅花拳"，简称"梅拳"，是立于桩上练习的一种拳术，也常用来作为基础功练习。梅花桩起源于明代末期，最初以家传形式流传于民间，到清代乾隆年间始向外界流传，布桩图形有北斗桩、三星桩、繁星桩、天罡桩、八卦桩等。桩势有大势、顺势、拗势、小势、败势5势，套路无一定型，其势如行云流水，变化多端，快而不乱。

梅花桩还以文养武、以武济文，其指导思想和套路均遵循我国传统文化"五行八卦九宫太极无极"原理，因此梅花桩又被誉为"文化拳"。

■ 梅花桩

■ 练习梅花拳难度巨大

梅花桩所用木桩，直径三五寸，下半截埋在地下，上半截高出地面3.3尺，桩与桩之间的距离前后为3尺，左右为1.5尺。随着功夫不断增进，桩要不断加高，有的加高至5尺。

有时，也可以用砖块代桩，先在平砖上练习，再站横砖，进而站立砖。梅花桩布桩讲究上应天象，下合地时，中合节气，如北斗桩、七星桩、三星桩、繁星桩、天罡桩、八卦桩、五行桩、九宫桩等。

梅花桩因立于桩上练习，故有别于诸拳，其难度远非地面练习可比，练起来要求式正势稳，要建立严格的动力定型，尤其对腿功有极强的要求。

梅花桩的步法有八方步和行步两种。八方步也称"群步"。八方步又分大中小3种。小八方步是基础步法，运动中便于闪、转，伺机进击。中八方步和大八方步用以对付多个对手，快而不乱，进退自如，可取主动之位置，占有利之地形，进退随情，起落随形，变化有法，动静有术。行步有三法，即摆法、扎法、撤法。

**戳脚武趟子** 戳脚分文、武两种趟子，武趟子是戳脚的本源，文趟子是其发展变化。武趟子舒展大方，矫捷刚健，放长击远，刚柔兼施，以刚为主。文趟子发劲柔中寓刚，绵里藏针，架小紧凑，灵活善变，逼近靠影，柔里带刚。

九宫十八腿是武当内家拳九宫拳中的一个以腿法为主的套路，其主要腿法有扫、扒、挂、勾、缠、绊、叩、踩等下九路腿法及弹、踹、蹬、踢、簪、挑、连、弹、双飞上九路腿法，作为道教防身制敌之用，实战技击性较强，而且每腿都有单练的方法，也可进行双人对拆练习。

踩子连环鸳鸯腿是东北戳脚武趟子拳的第一趟，也叫"九转连环鸳鸯脚"，简称"九枝子腿"，一共9路，各路可互接互换练习，故称"九转"；每路的腿法都是一步一脚，连连发出，环环相套，故称"连环"；其腿、脚连环出击，左右互换，成双配偶，故称"鸳鸯脚"。

最具有技击特点之一是左右踩子脚，所以称为"踩子连环鸳鸯腿"。砸丁、点脚、发后腿是东北戳脚武趟子拳的基础，也是最难练的，三腿能连贯的一气呵成练好，套路也好学好练习了。

**阅读链接**

我国武术中腿法变化多样，较为擅长闪展腾挪的北派武术包含了大量的腿脚动作。

但是万变不离其宗，武术中比较常用的腿脚动作就是踢、踹、截、挂、摆这5种。但是自然，这5种又包含了很多变化。但是无论如何，动作的要领都要求提膝送胯，快打快收，连续不断宛如流水，凶猛有如撞钟。比较常用和常见的腿法有鞭腿、侧踹、正蹬、转身侧踹、腾空侧踹、腾空旋风踢等；套路类常见的有扫堂腿、双飞脚、腾空旋风脚、腾空飞脚、撩阴腿、勾踢腿、侧踢腿、横扫腿等。